An leabhar dathúcháin cat gleoite is fearr do dhaoine fásta.

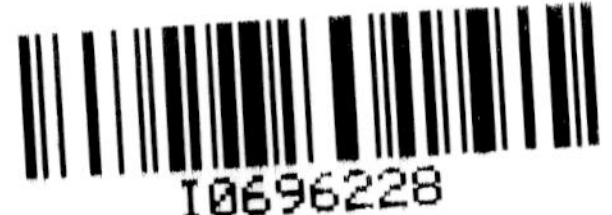

Go raibh míle maith agat as an leabhar seo a cheannach, más maith leat é fág léirmheas Beannachtaí

Wilcher Eagle

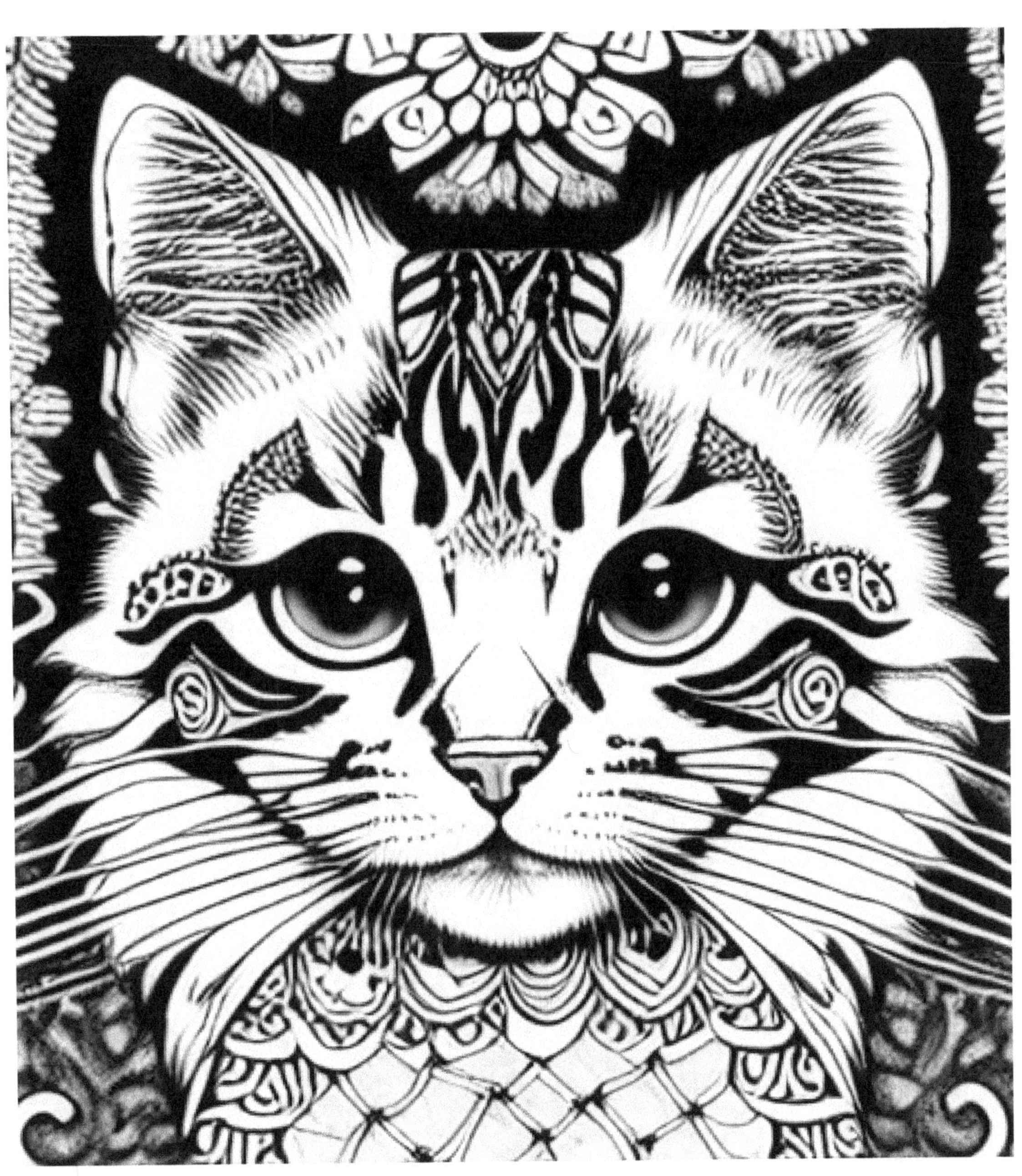

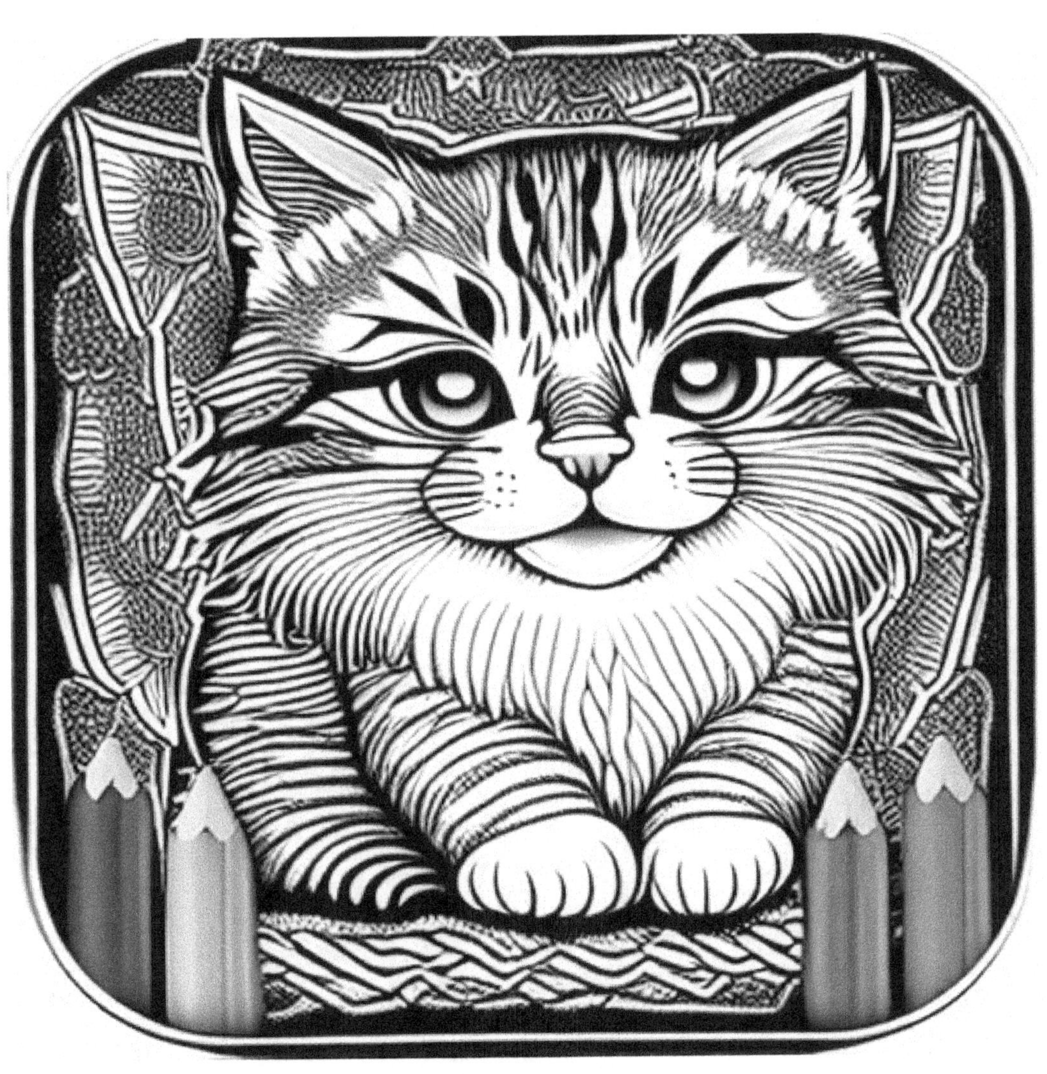

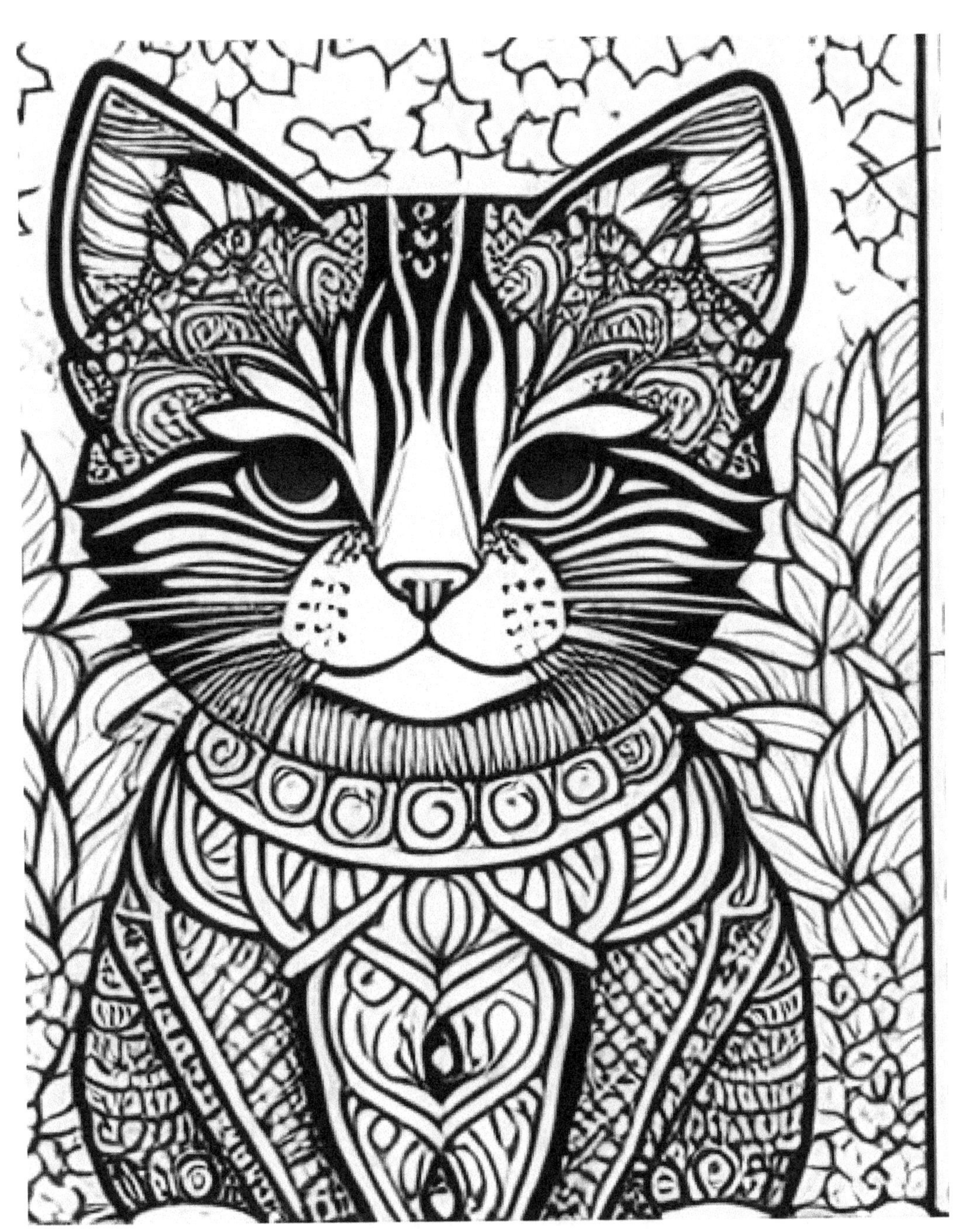

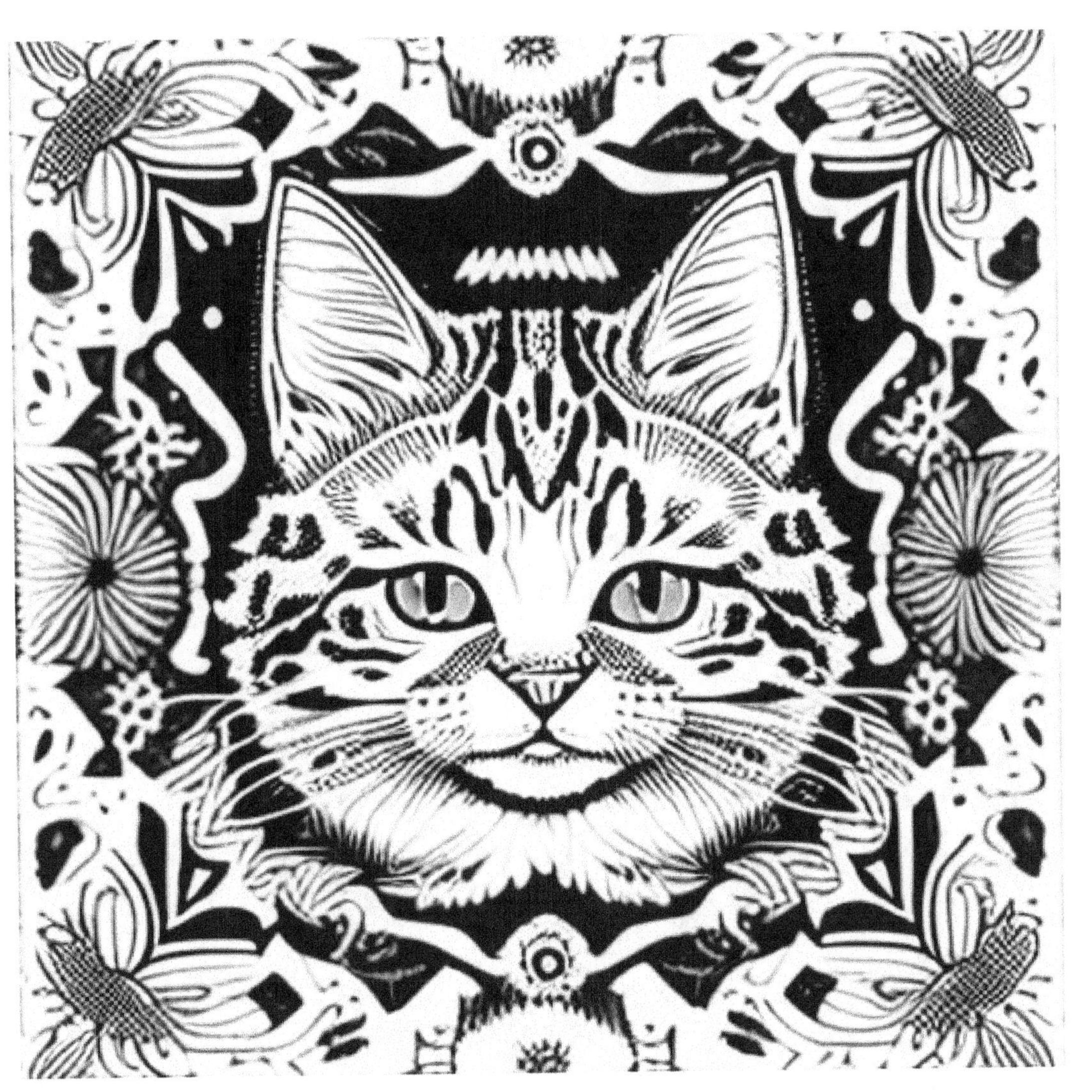

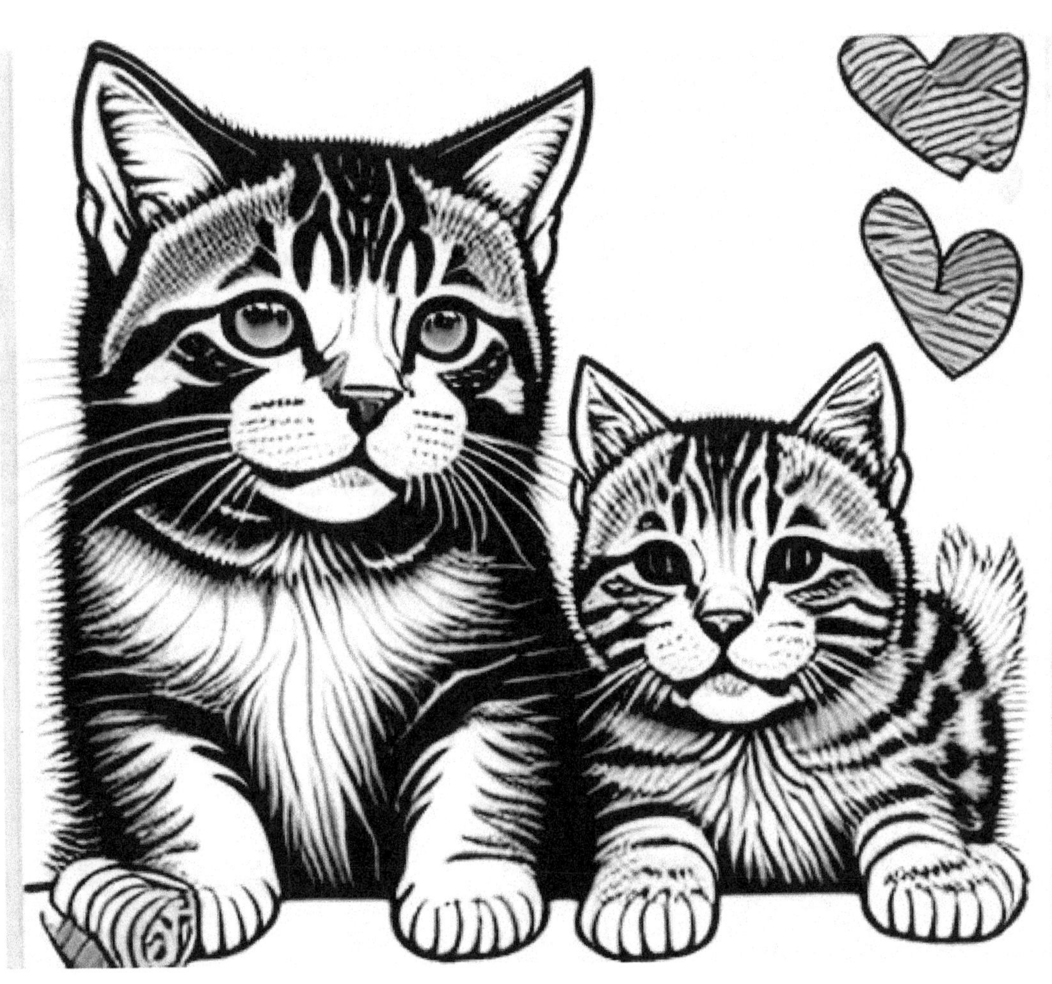

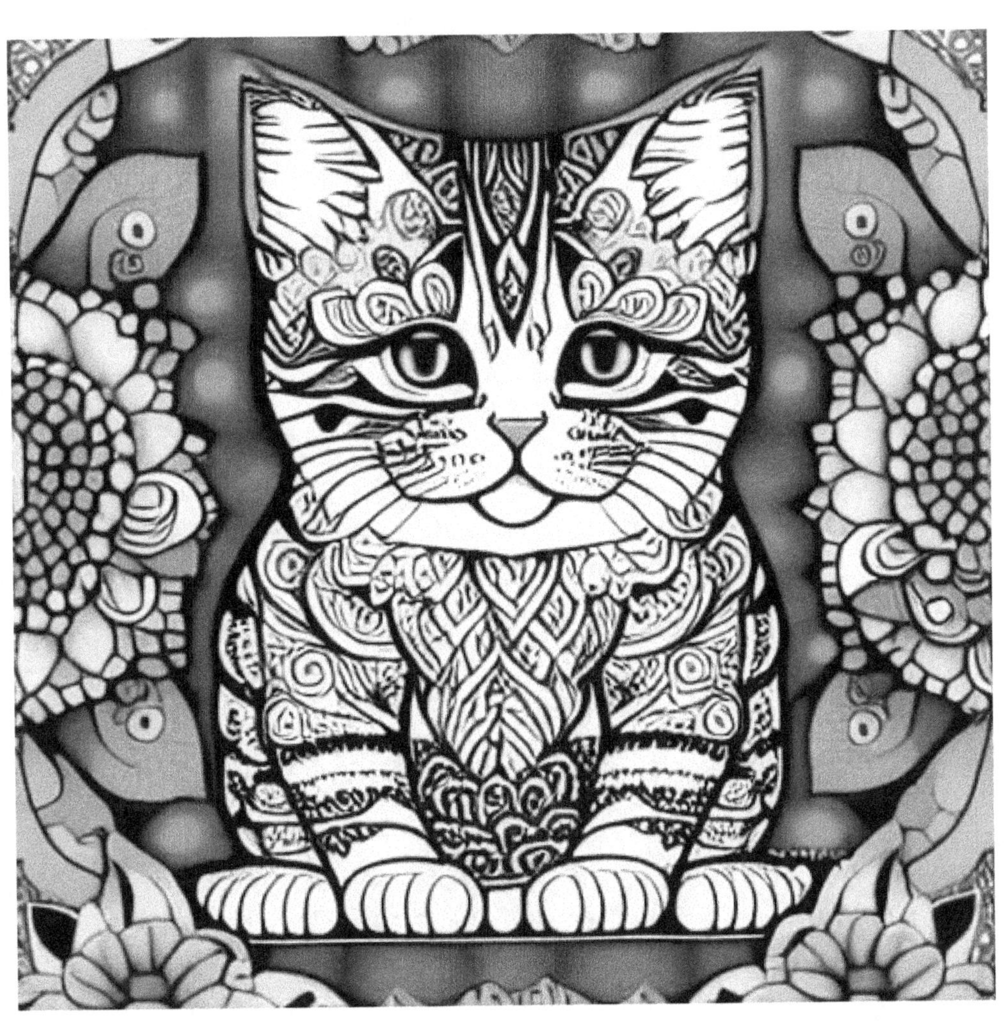

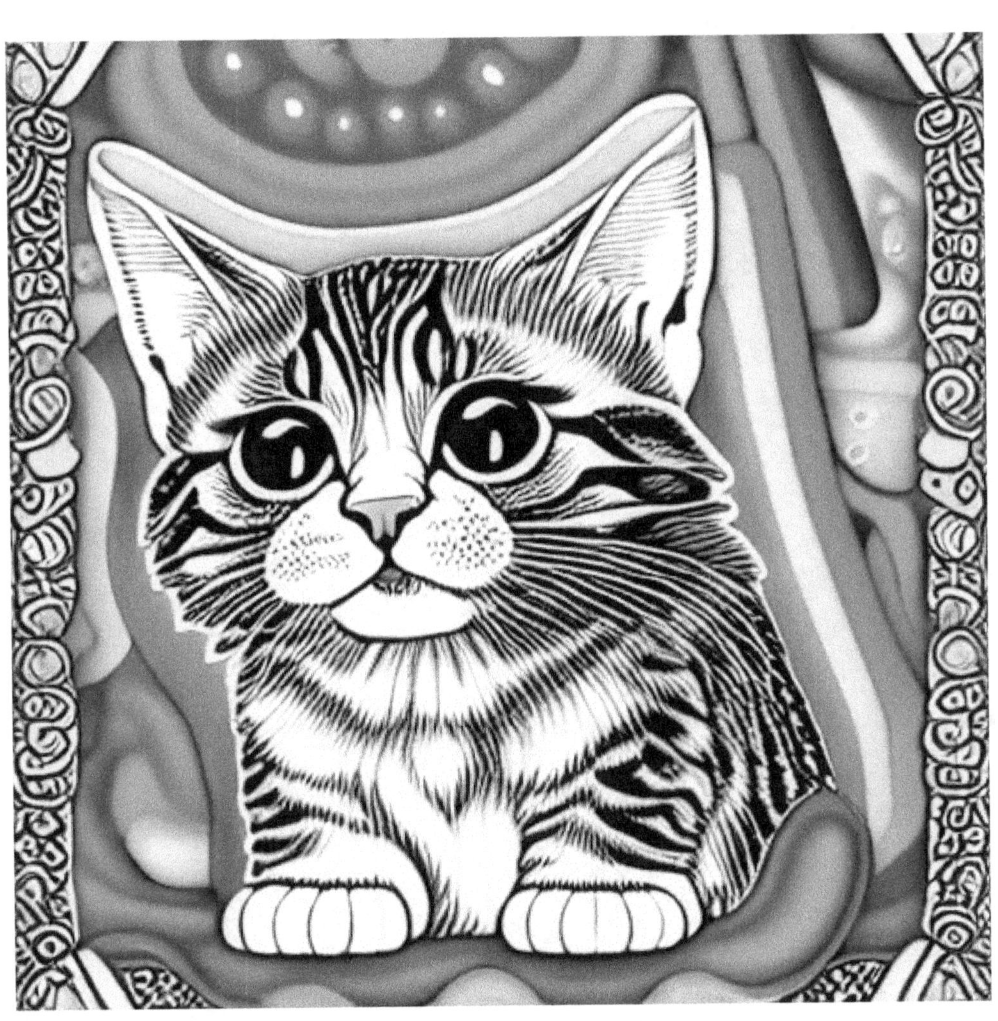

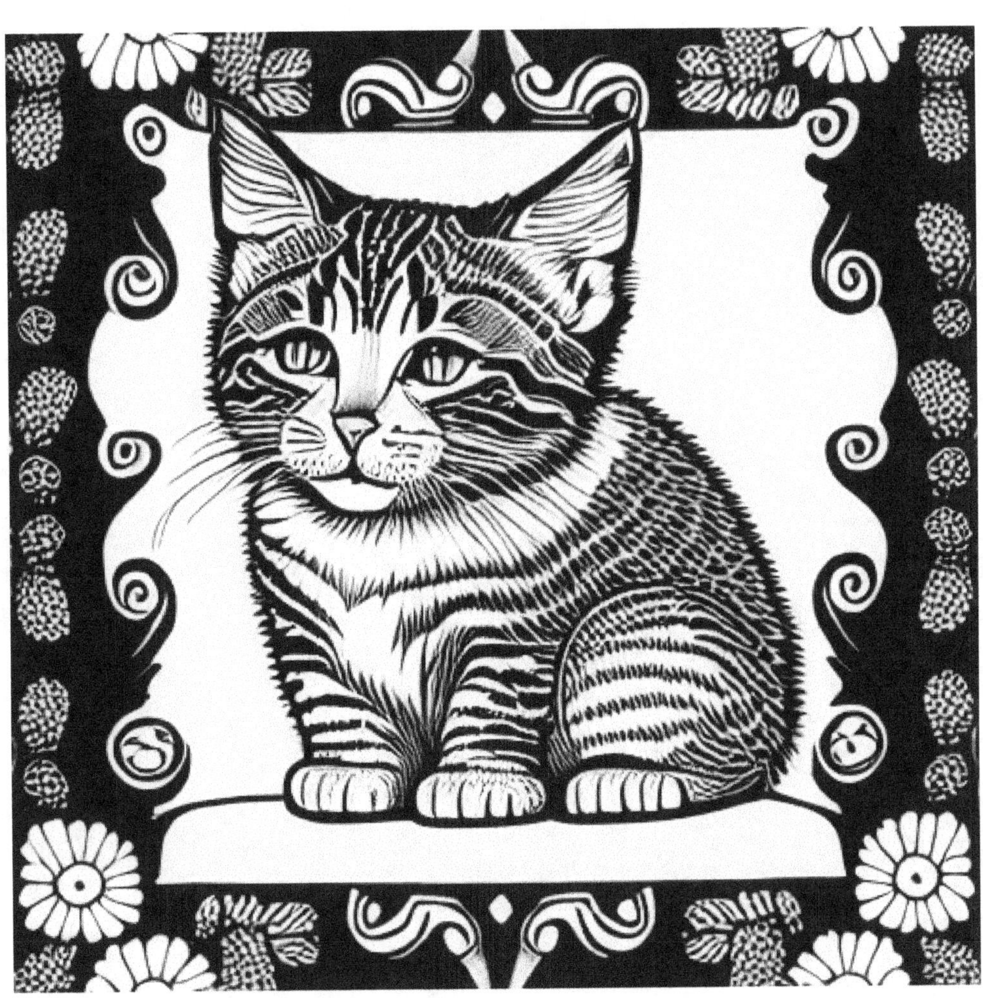

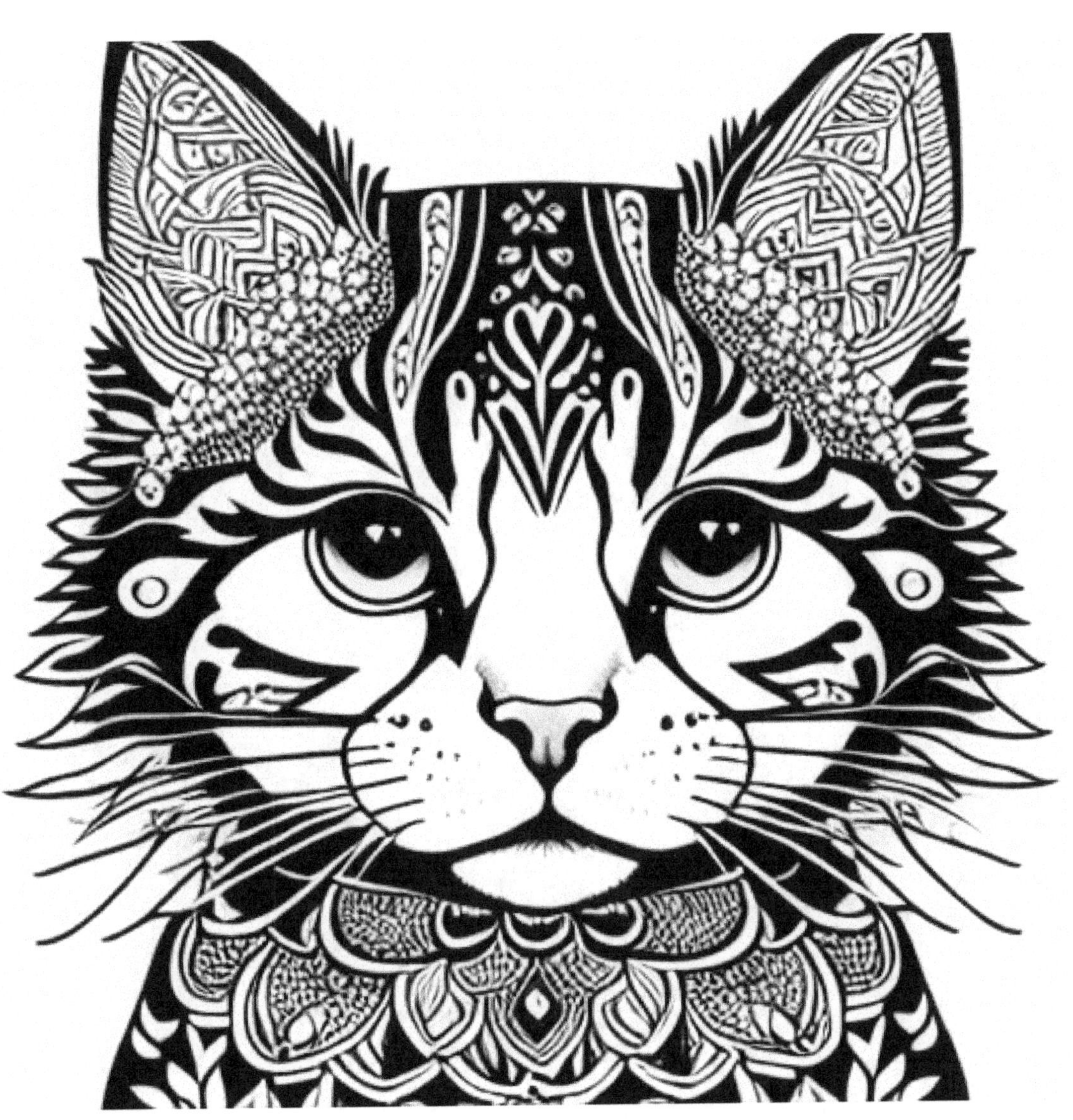

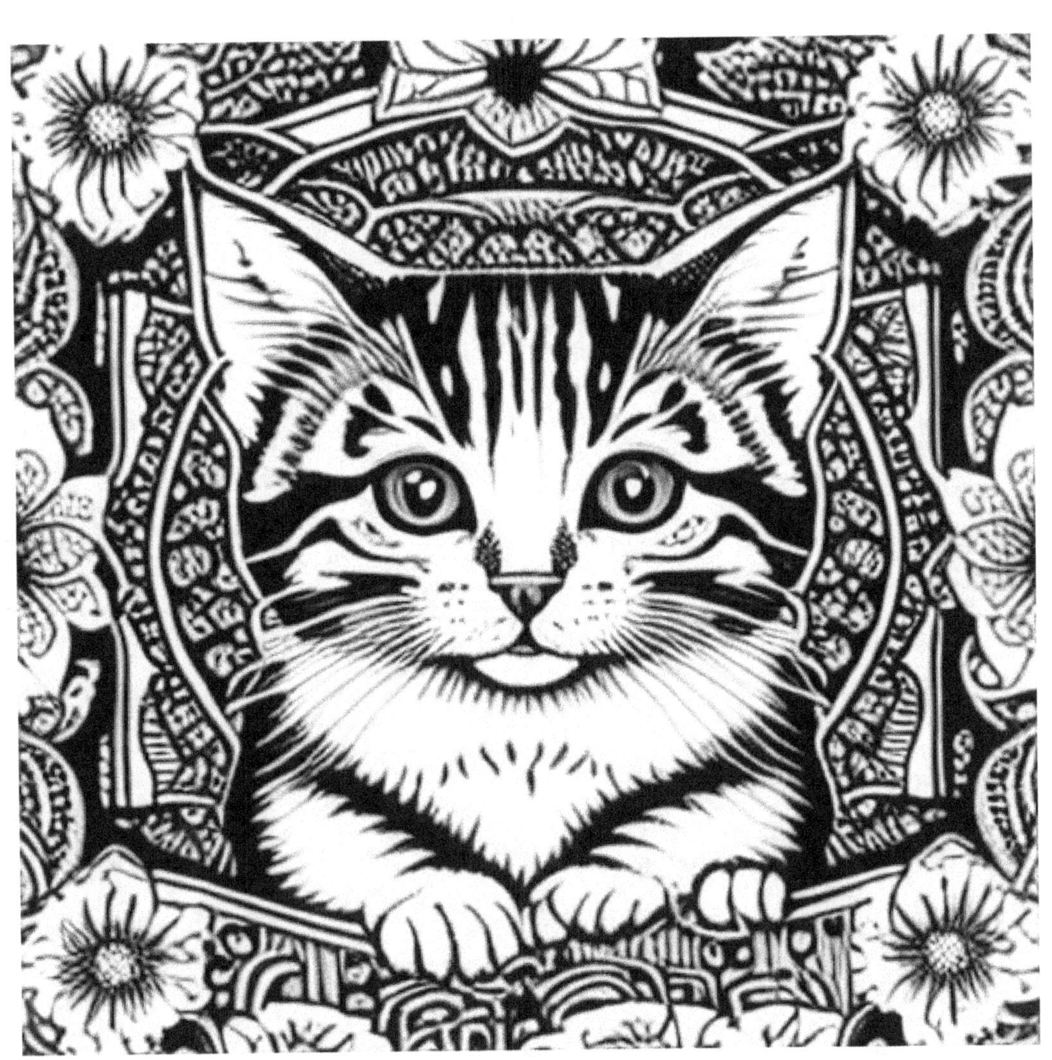

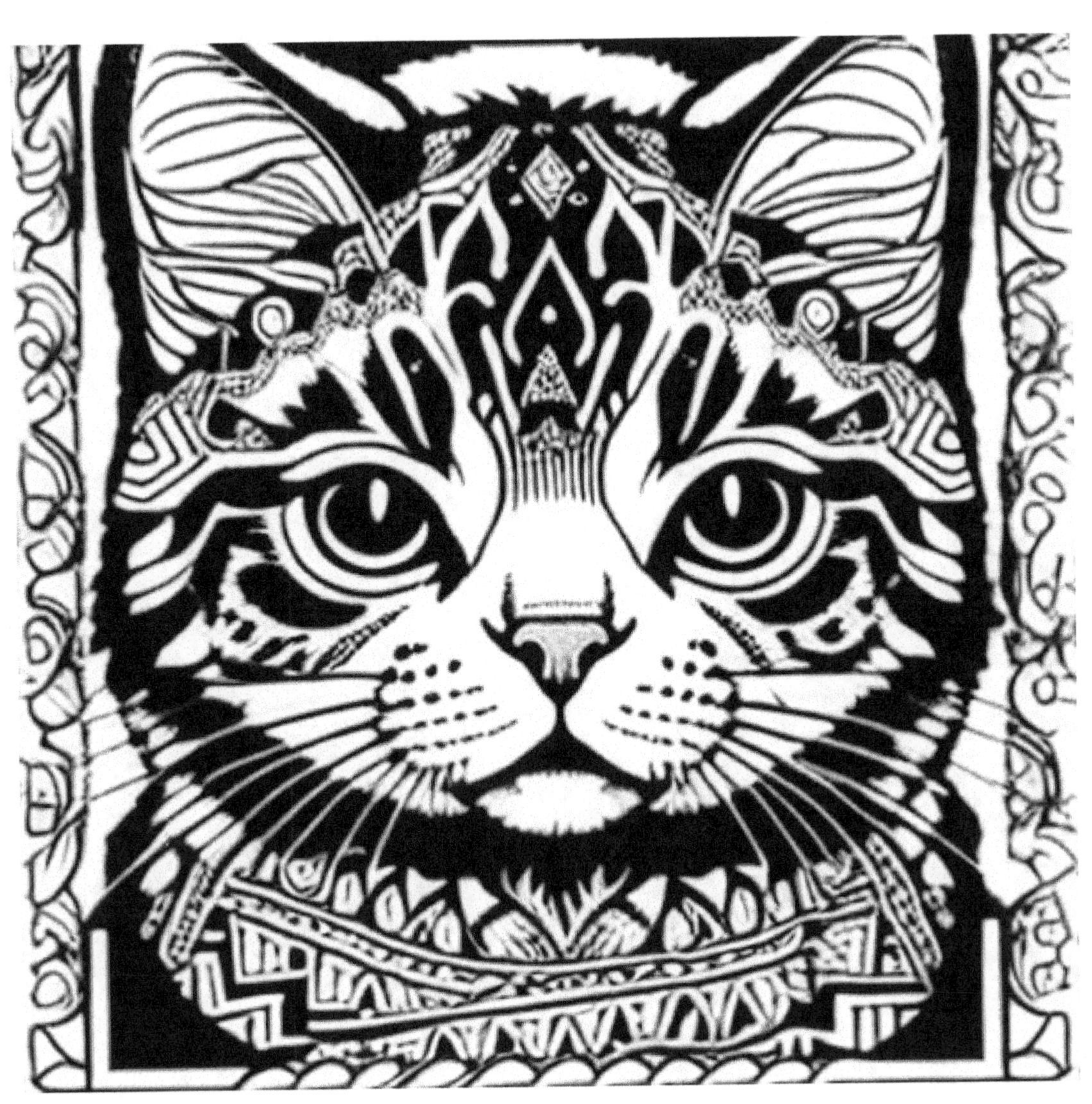

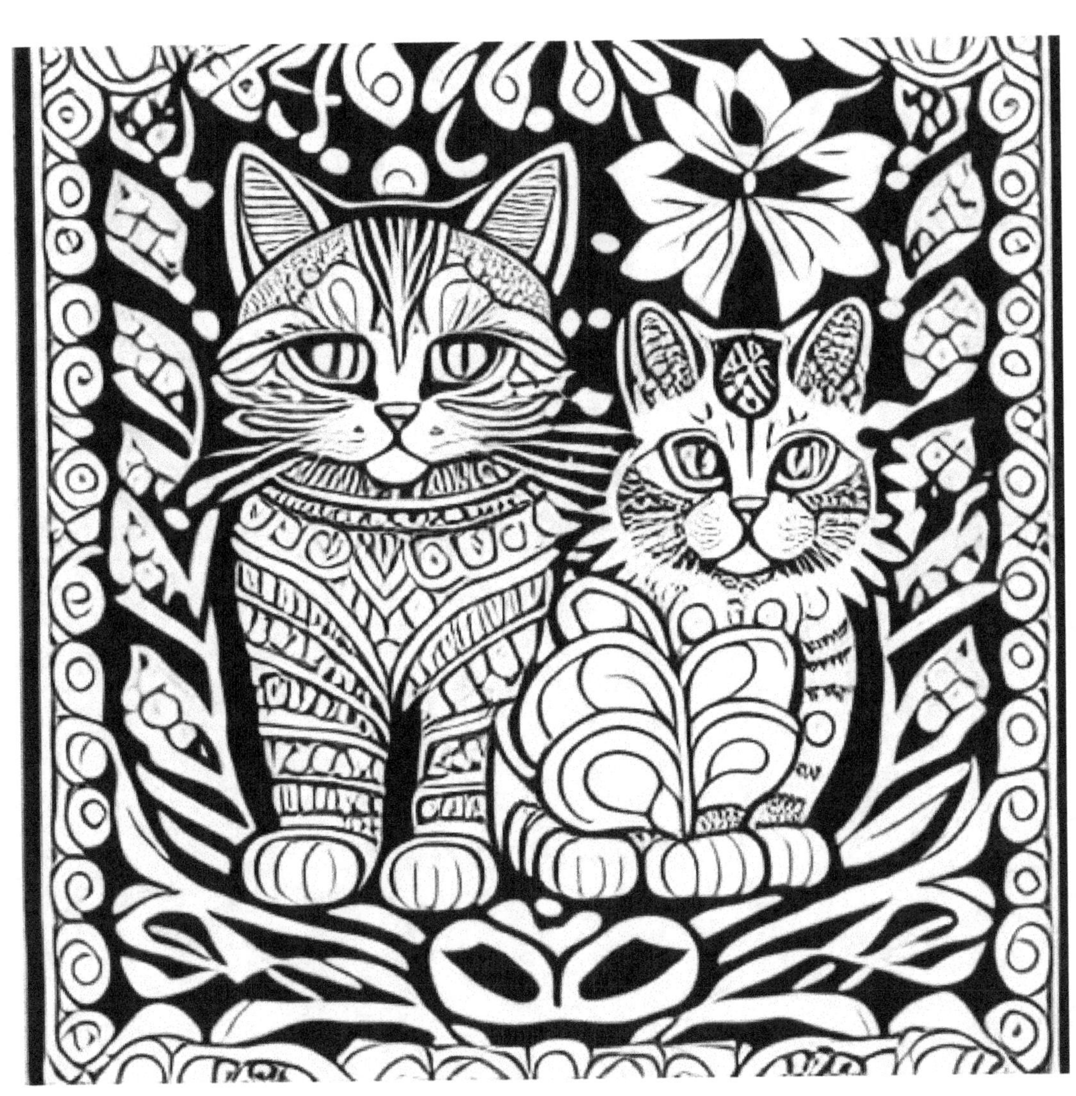

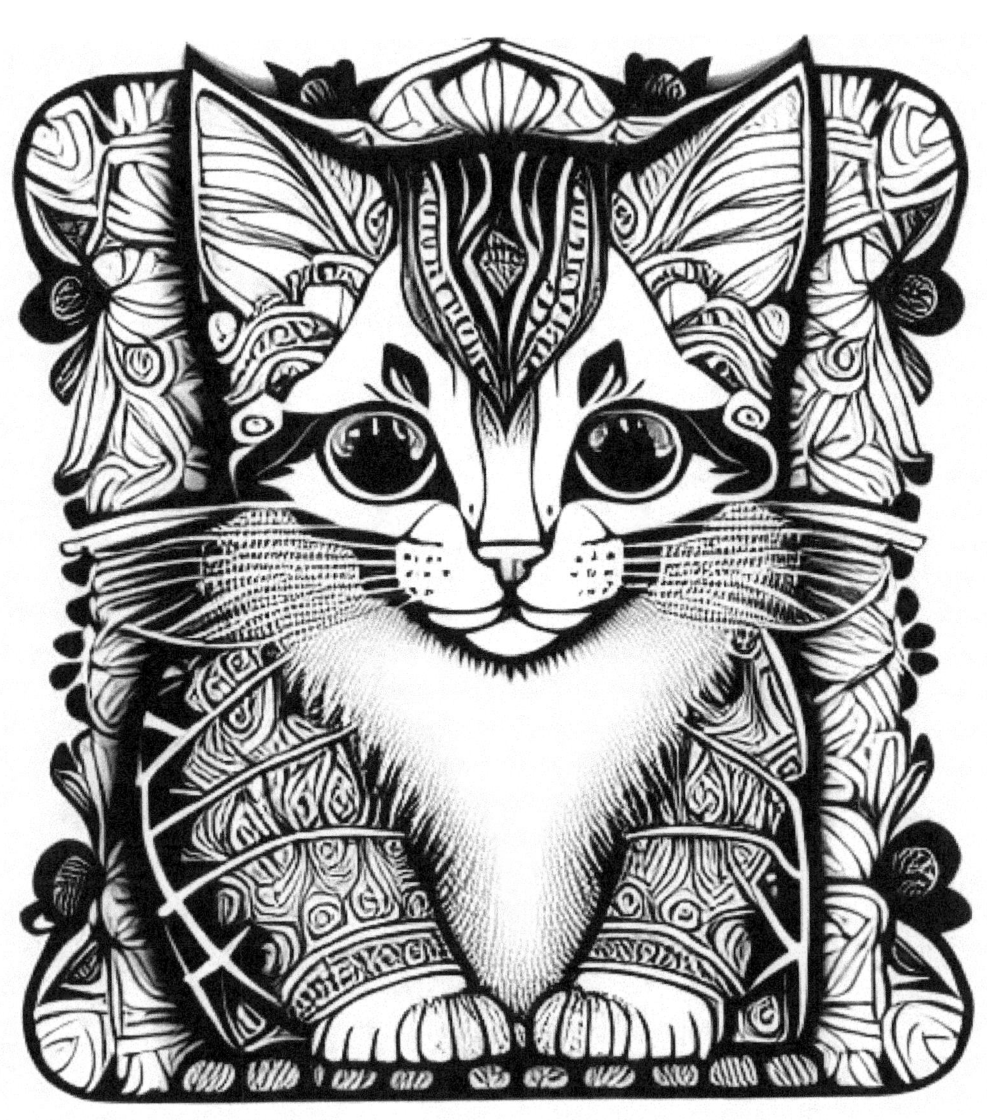

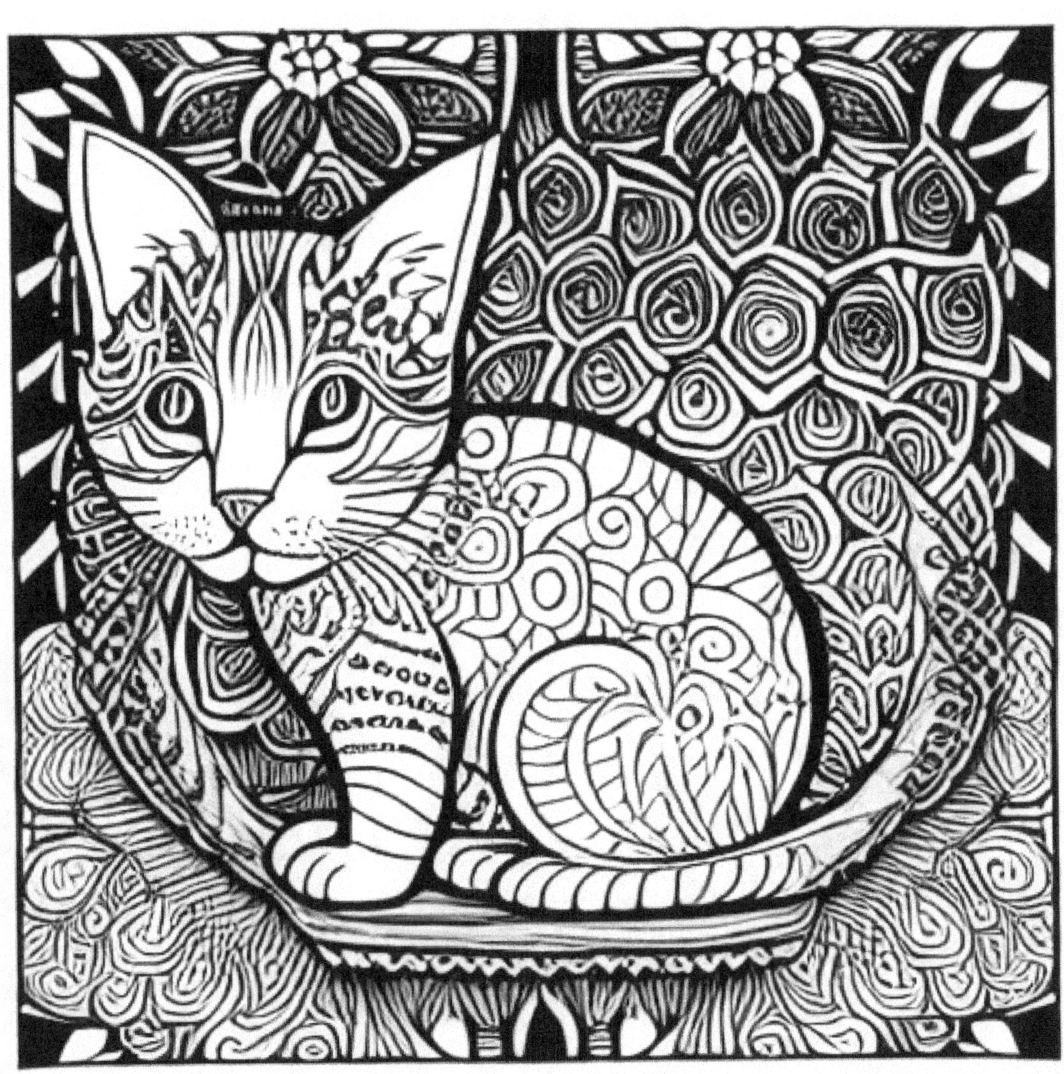

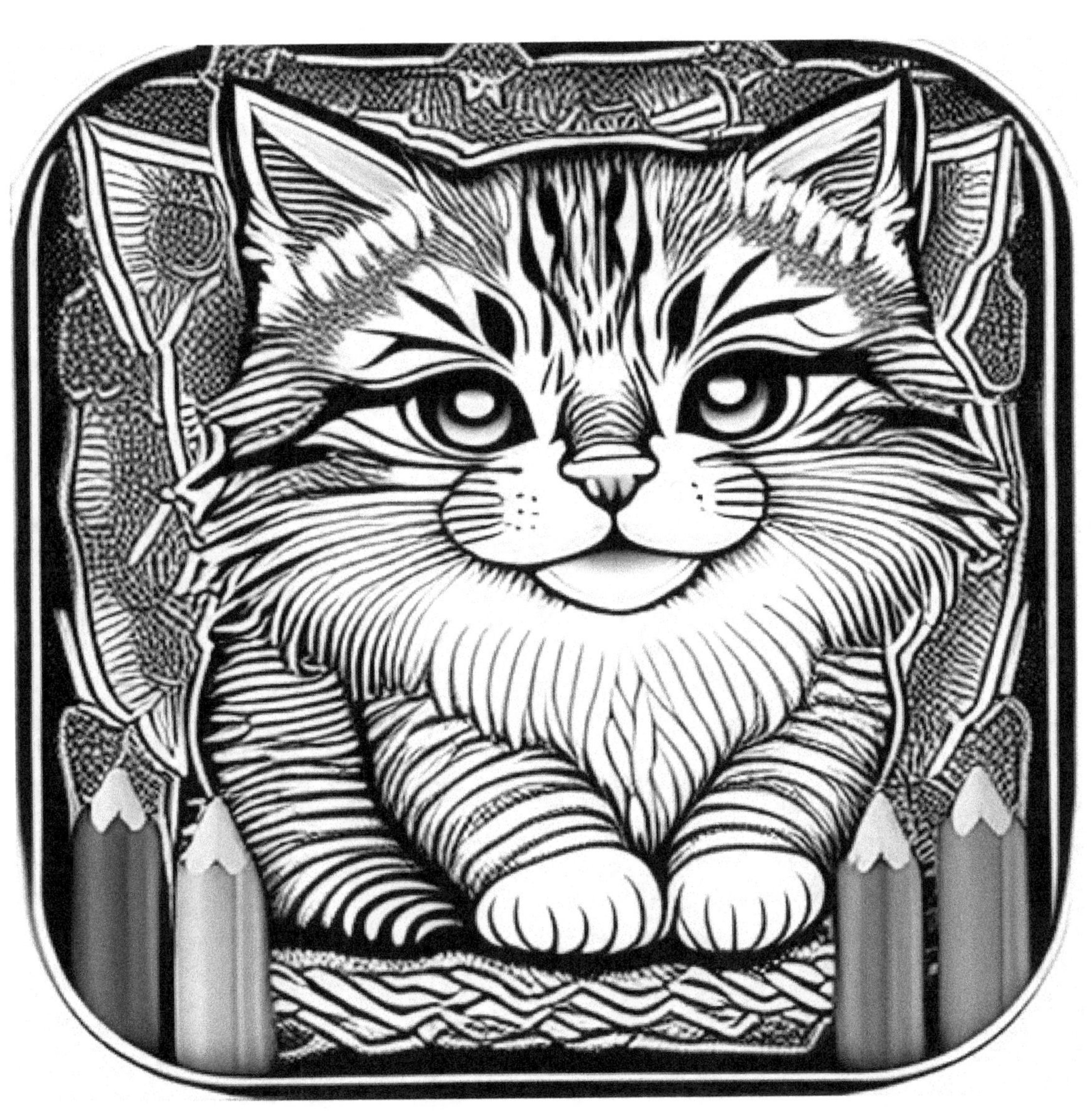

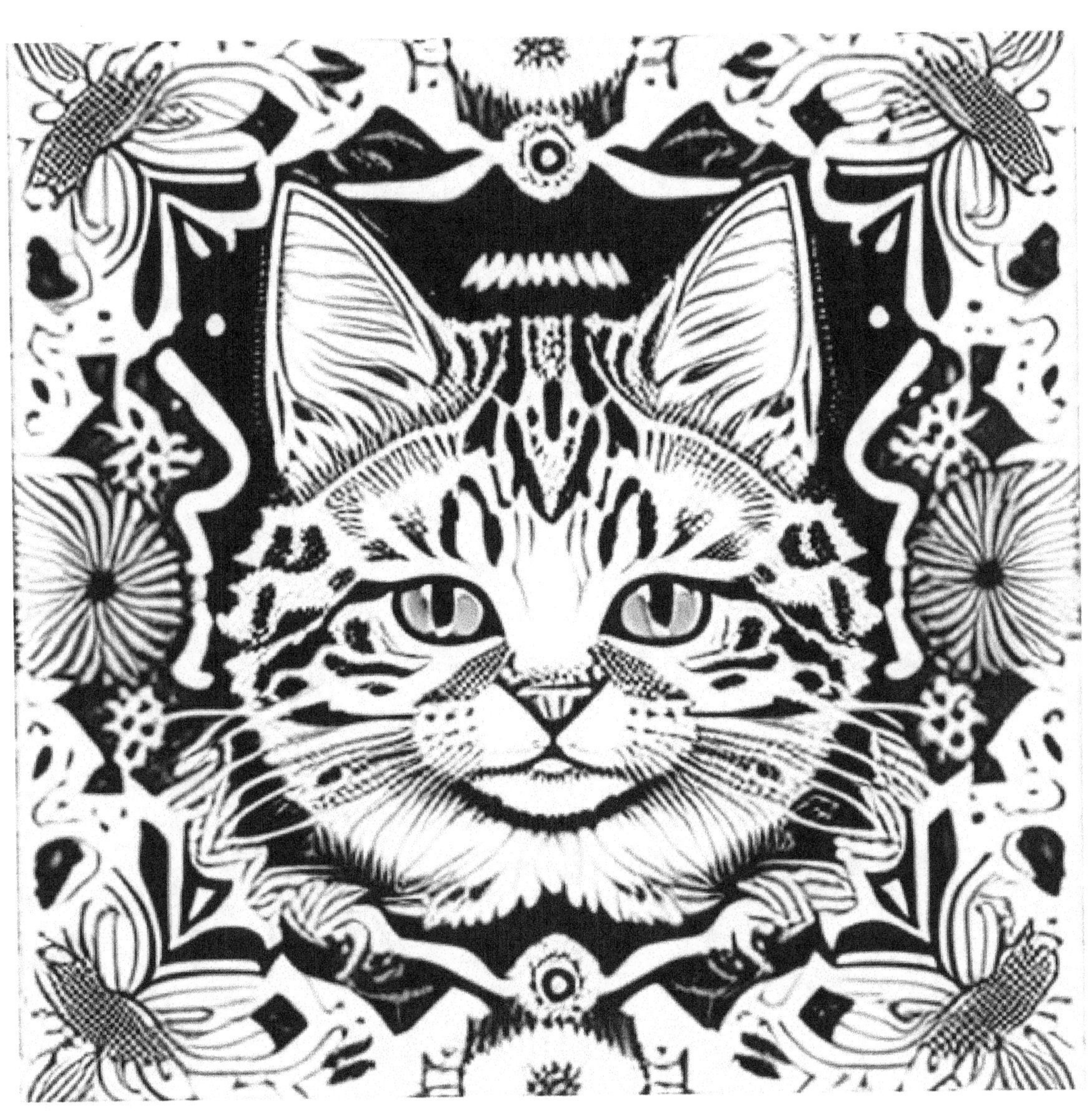

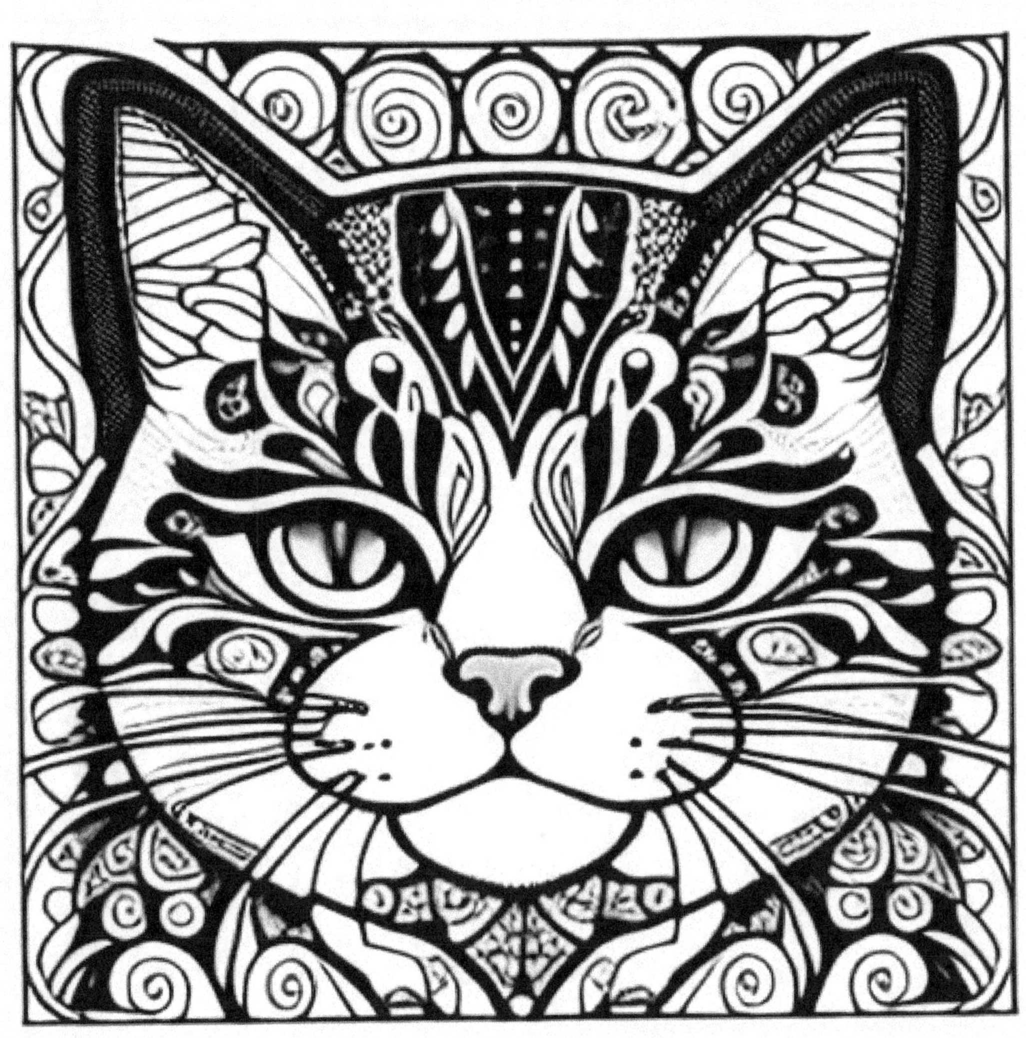

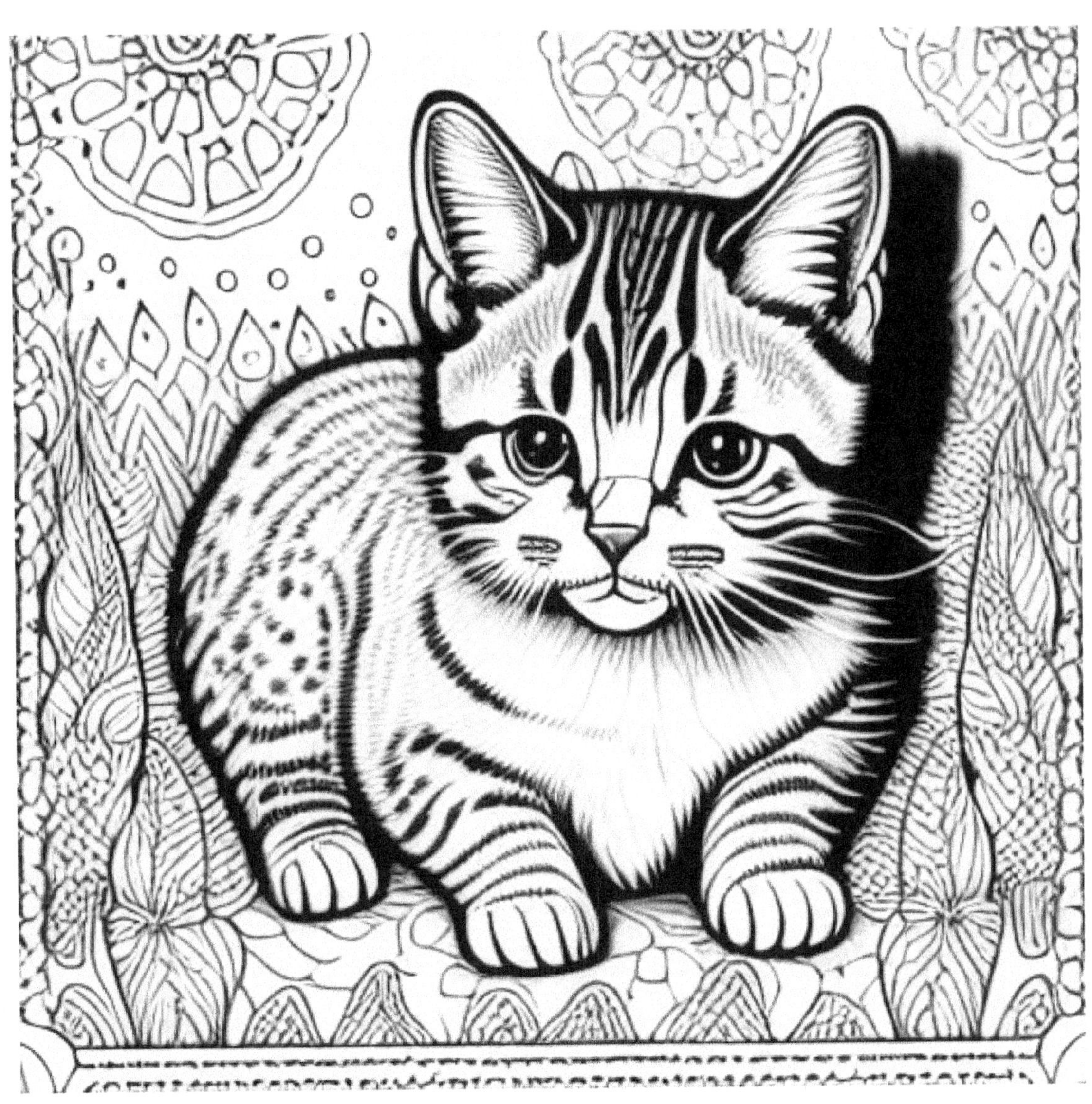

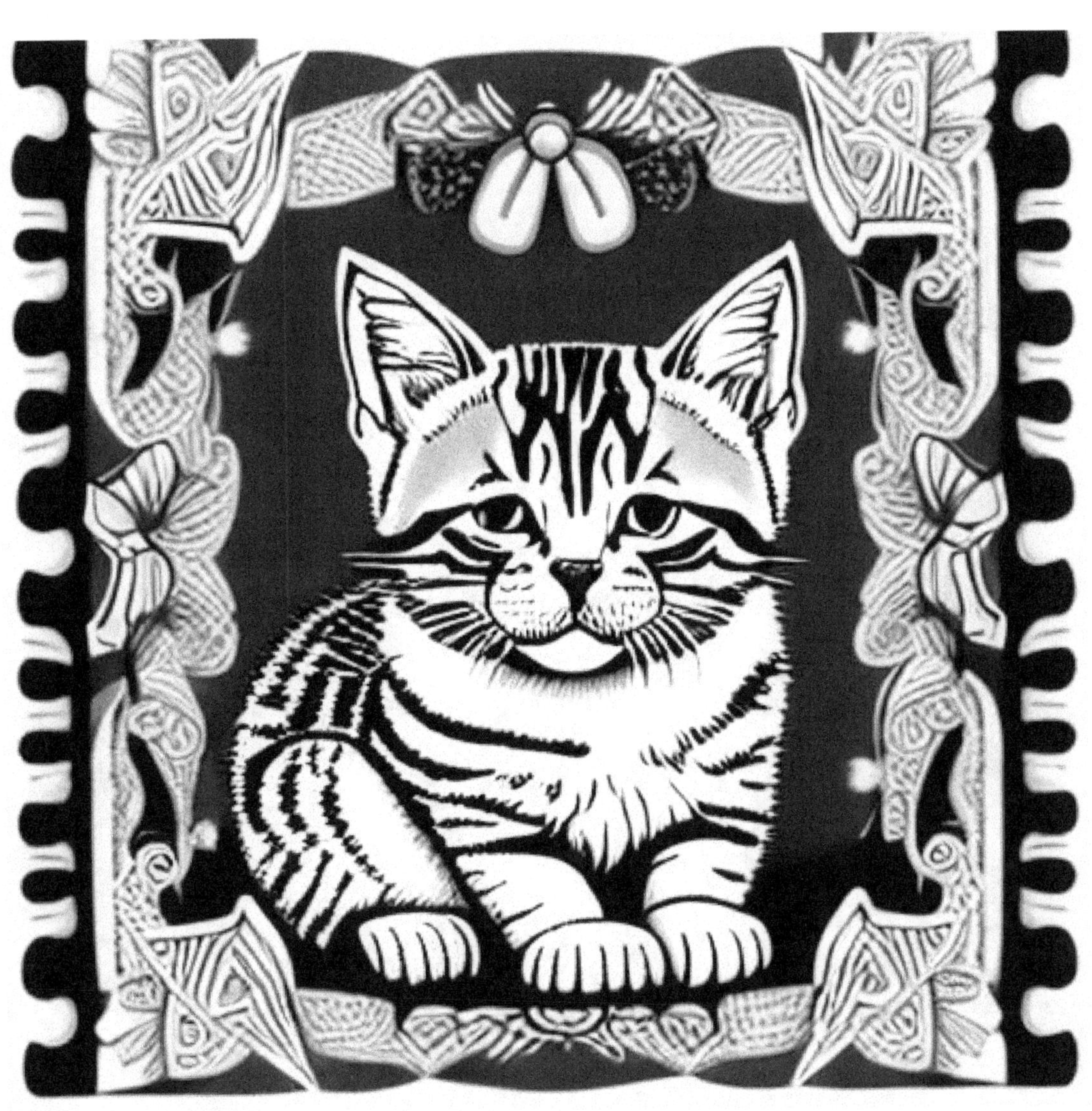

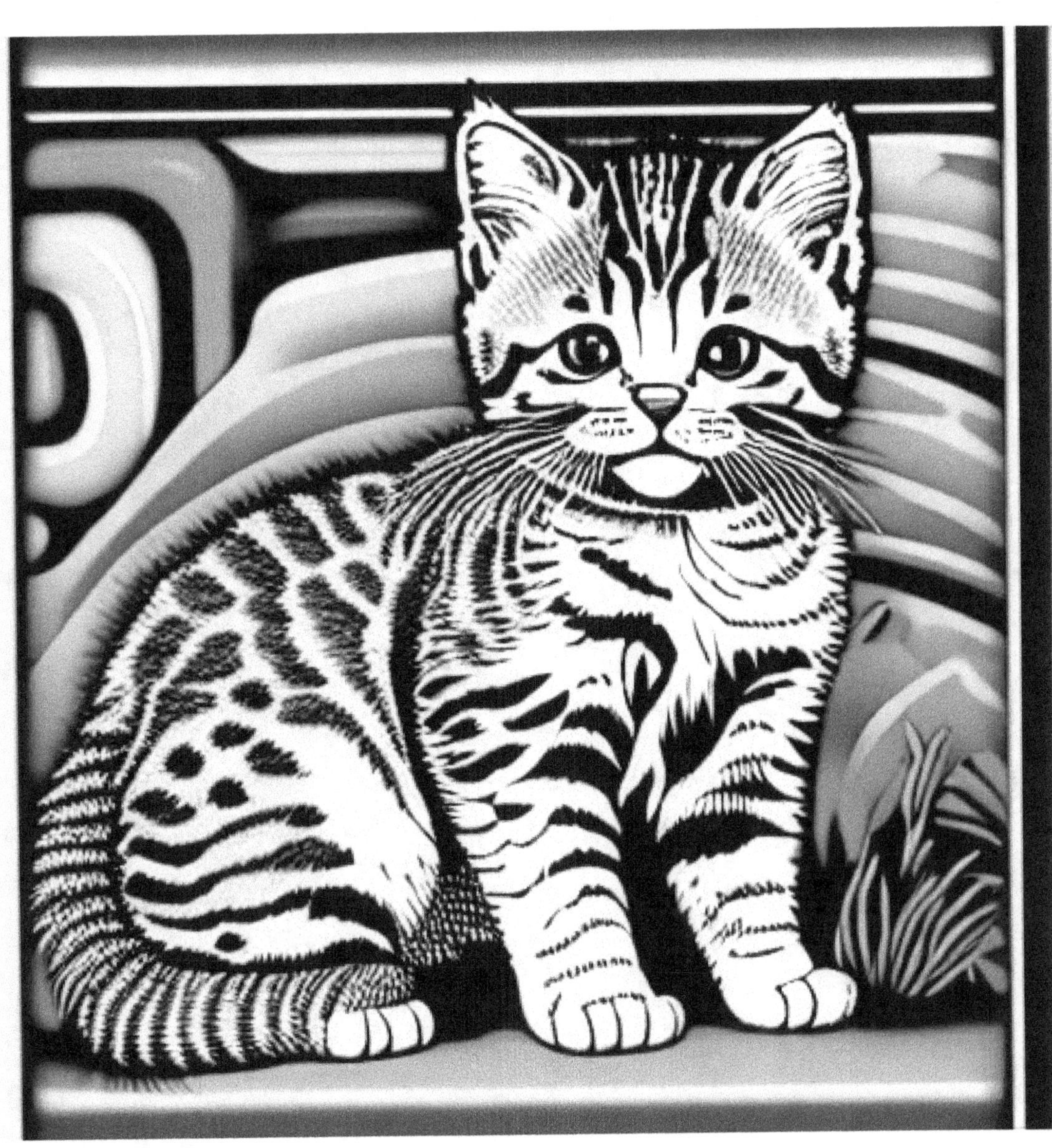

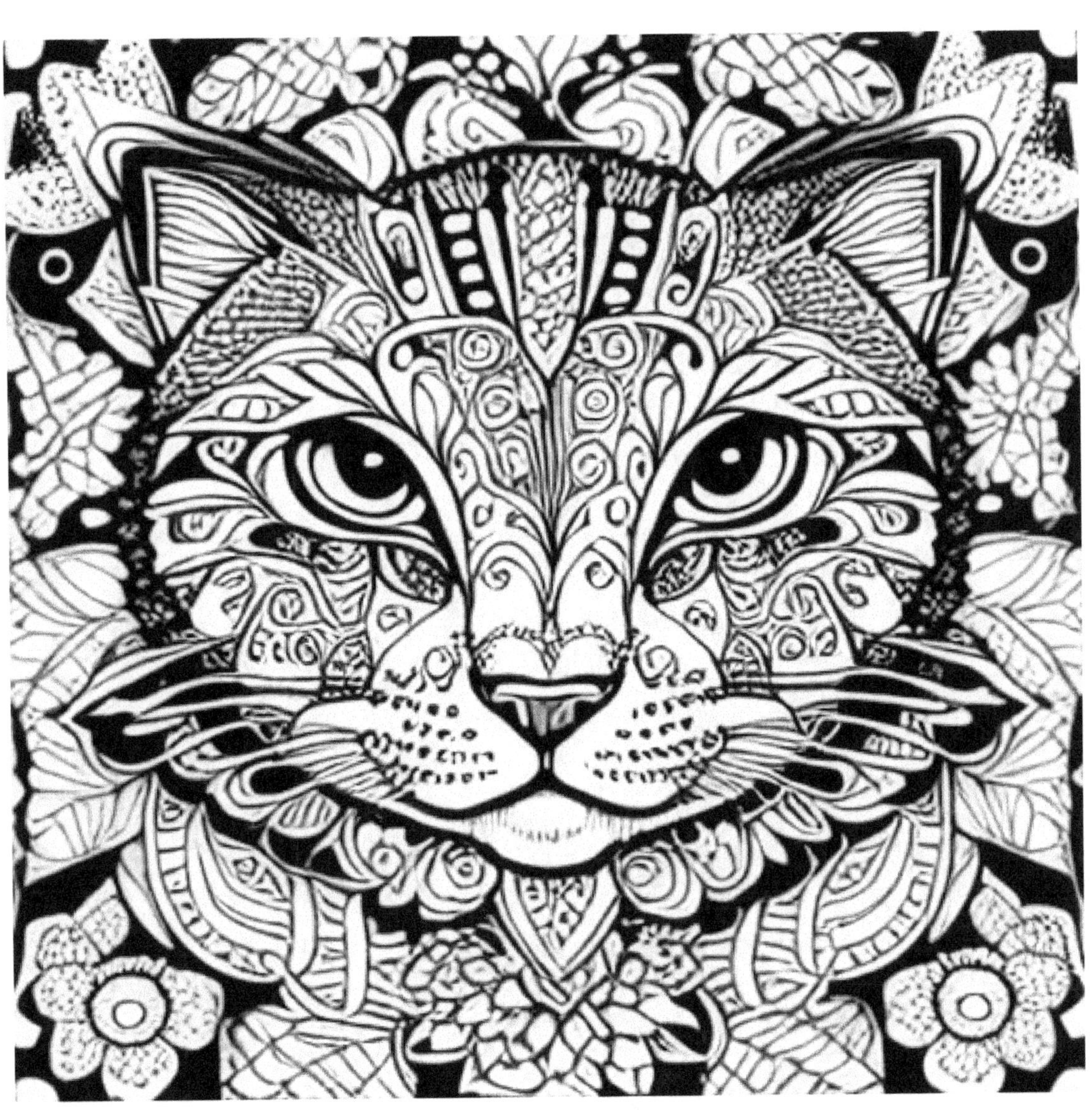

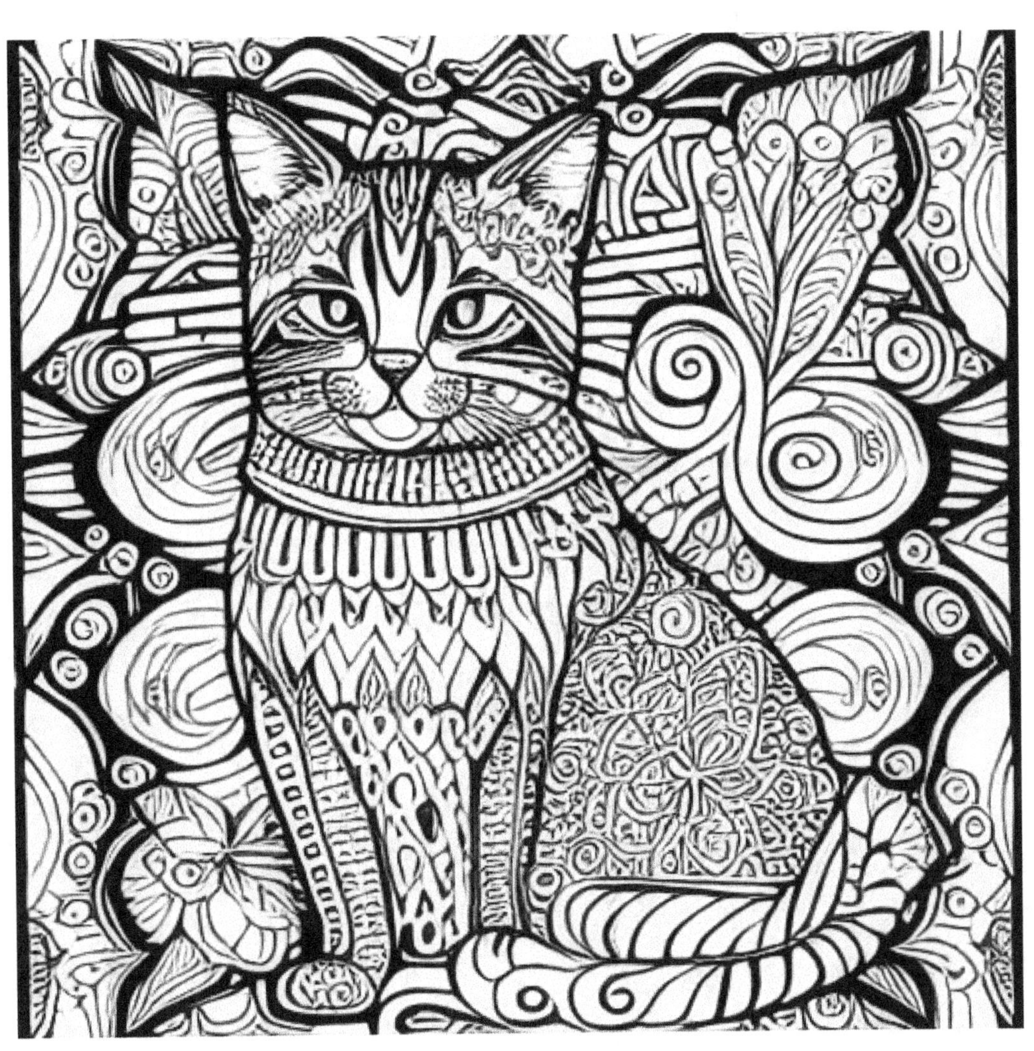

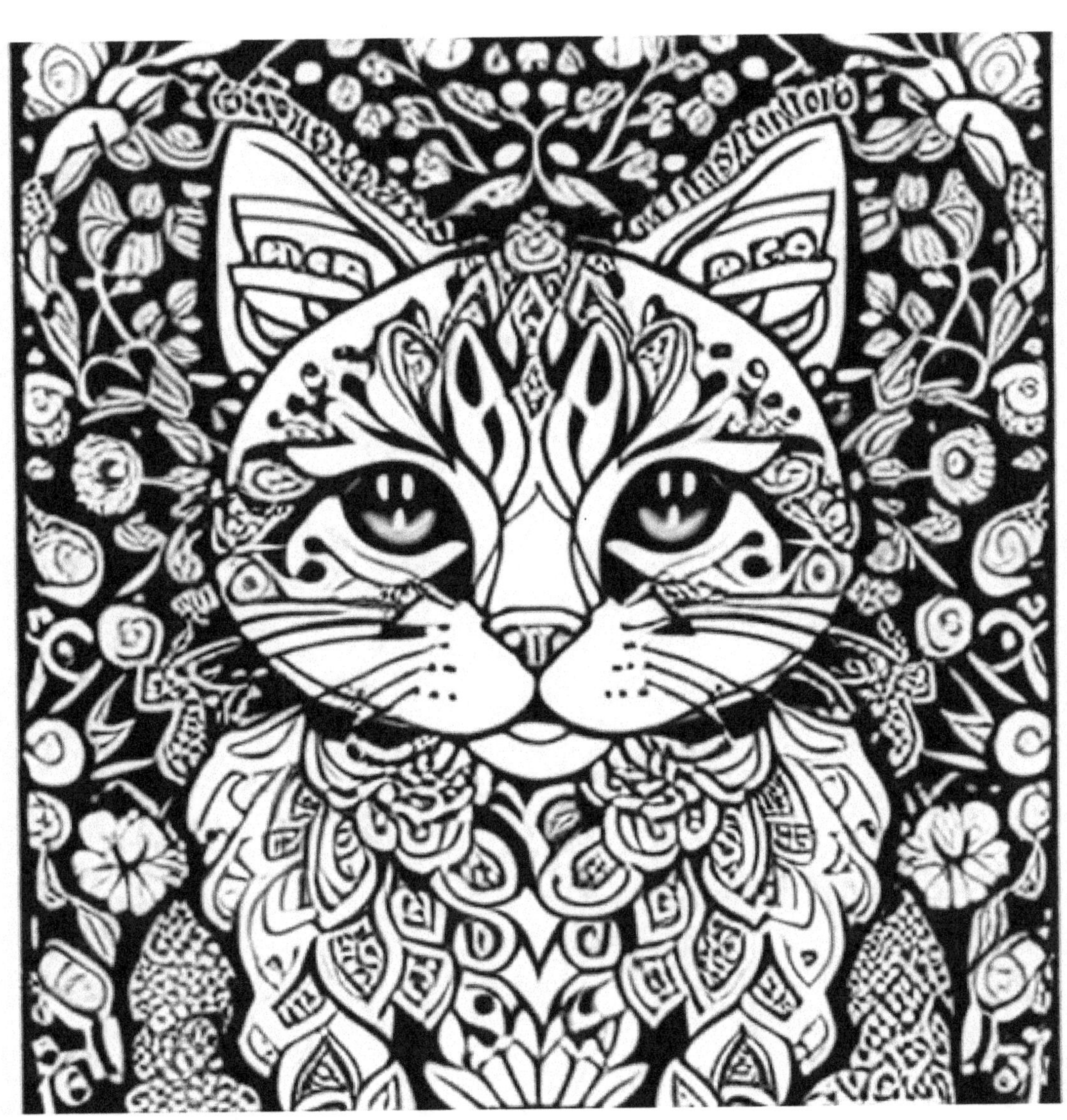

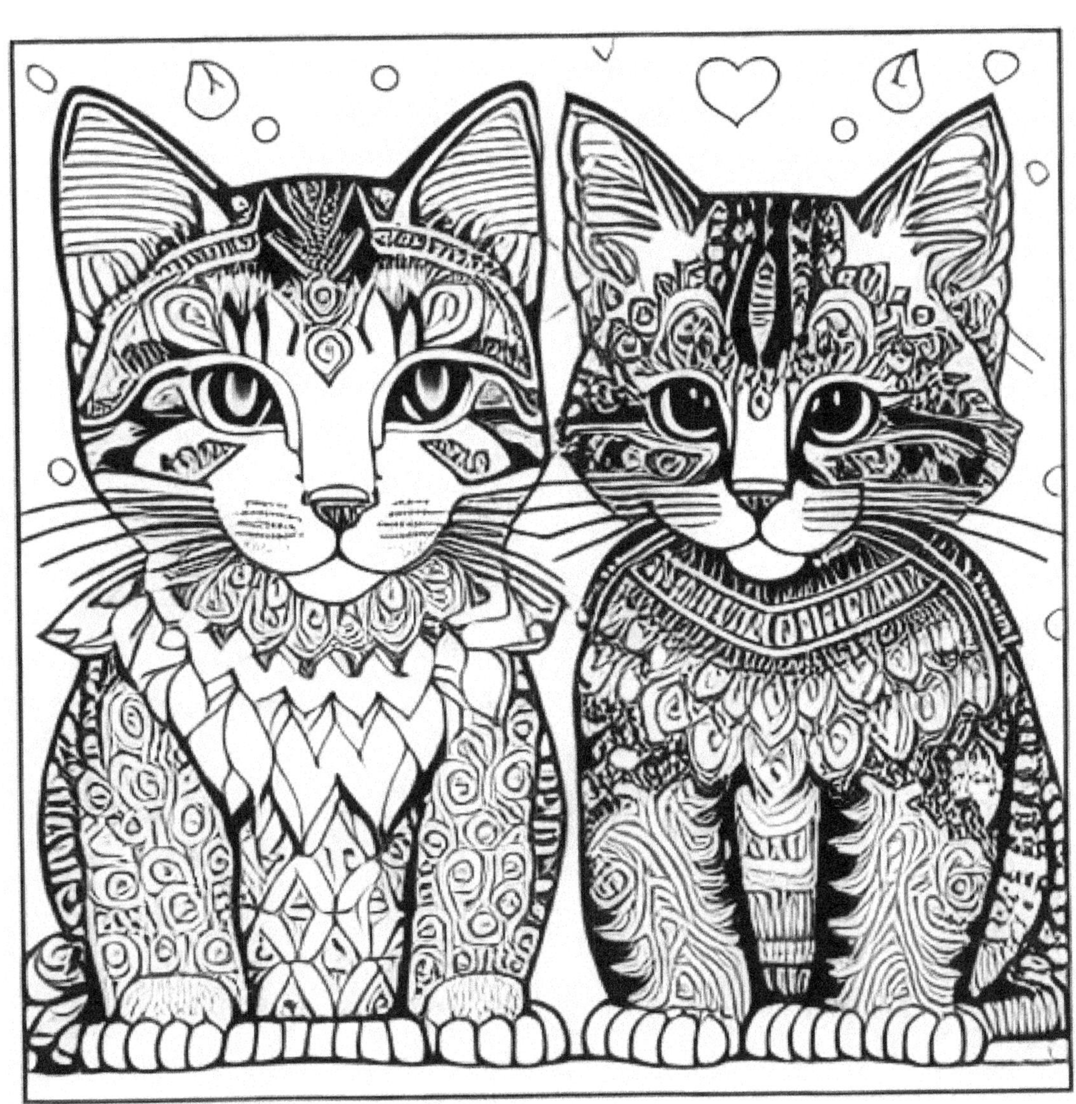

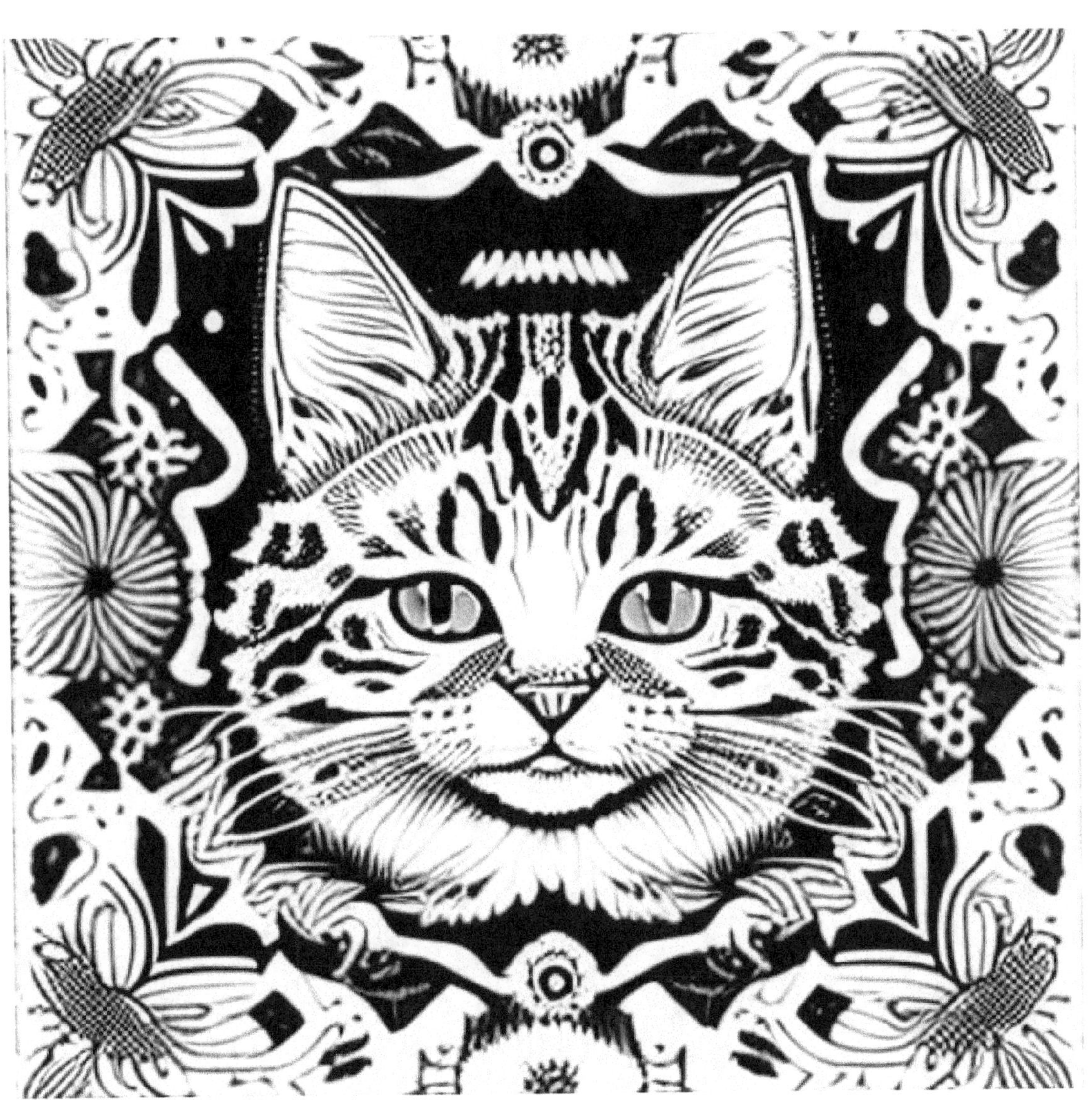

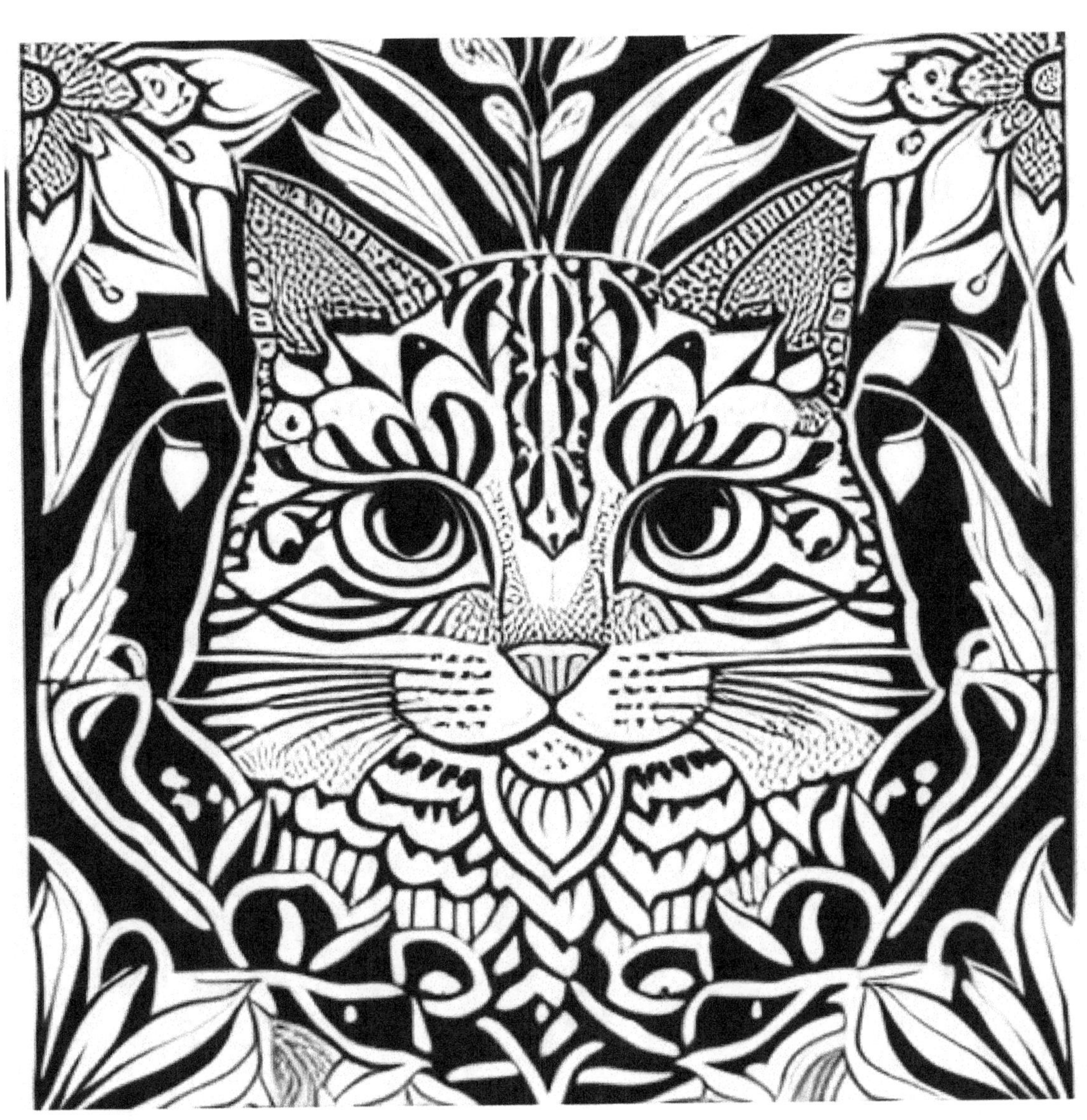

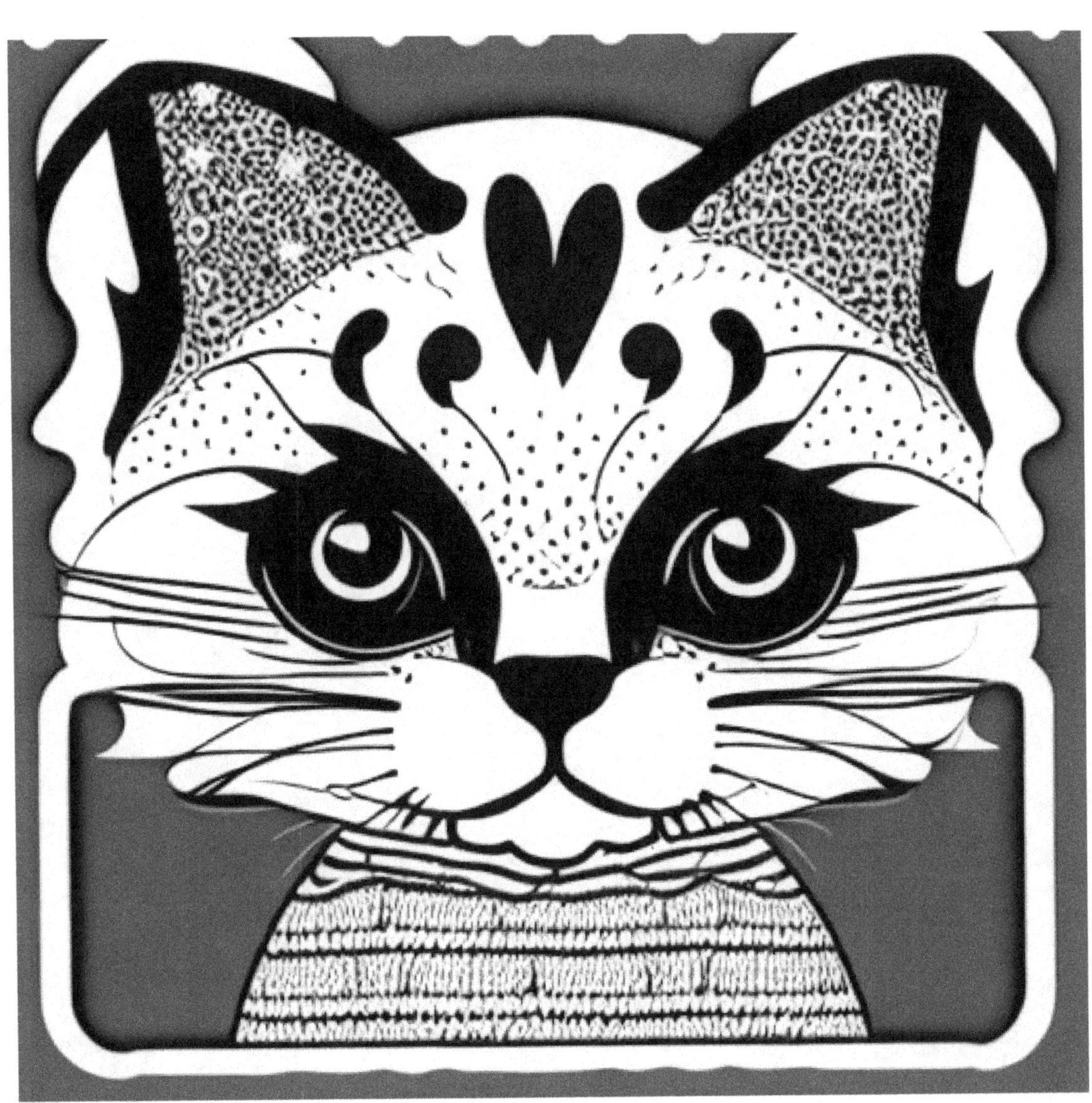

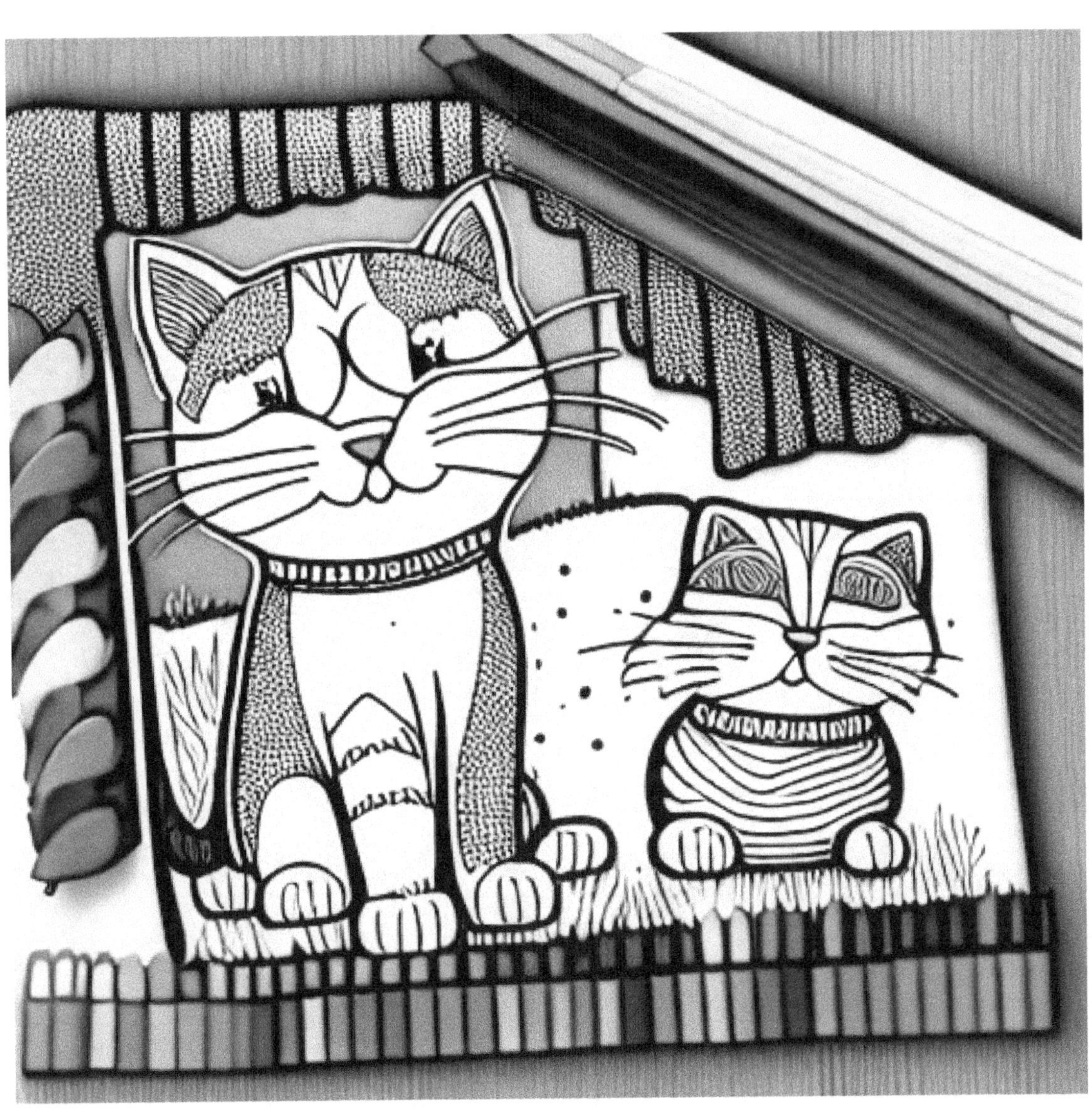

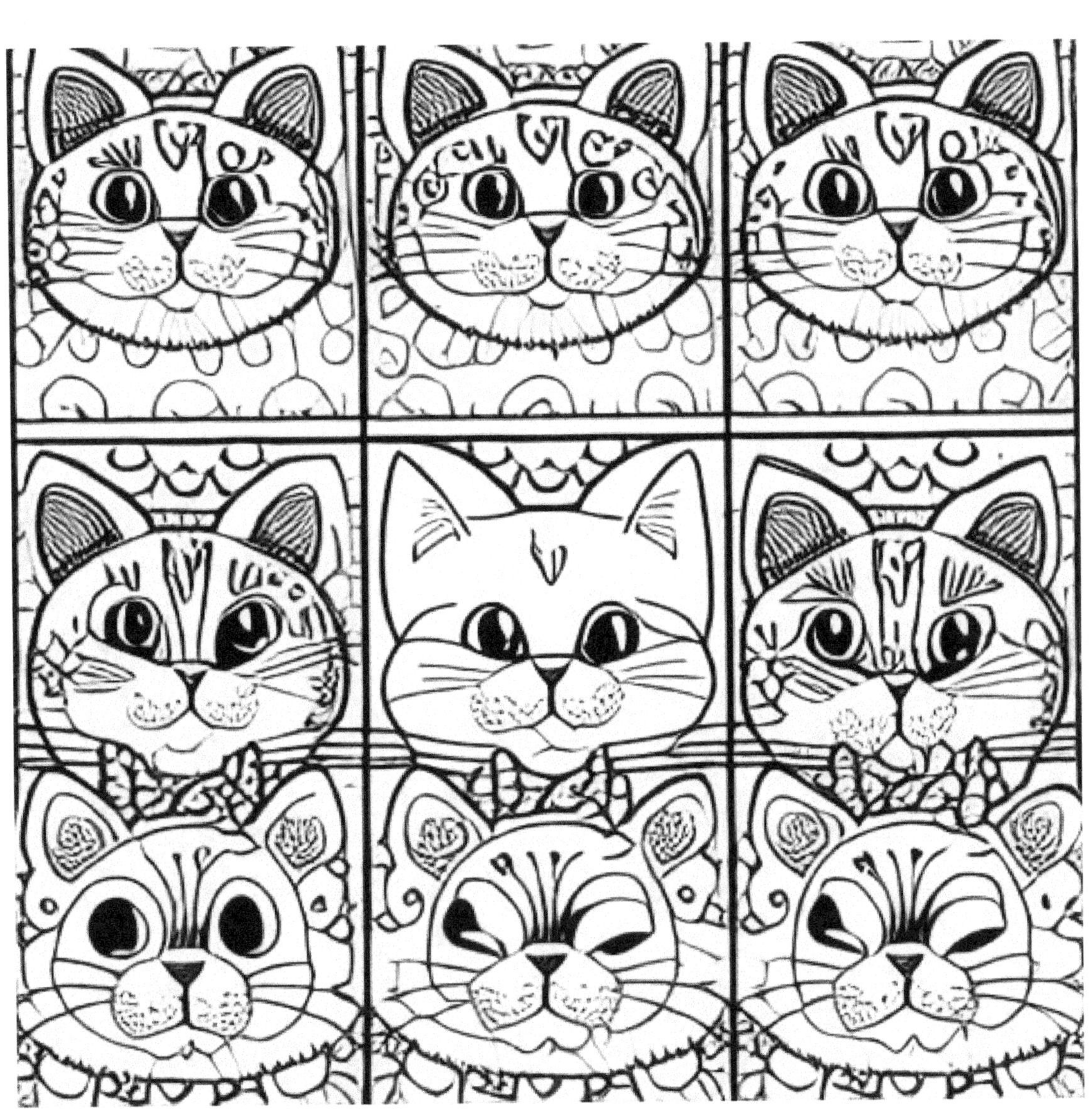

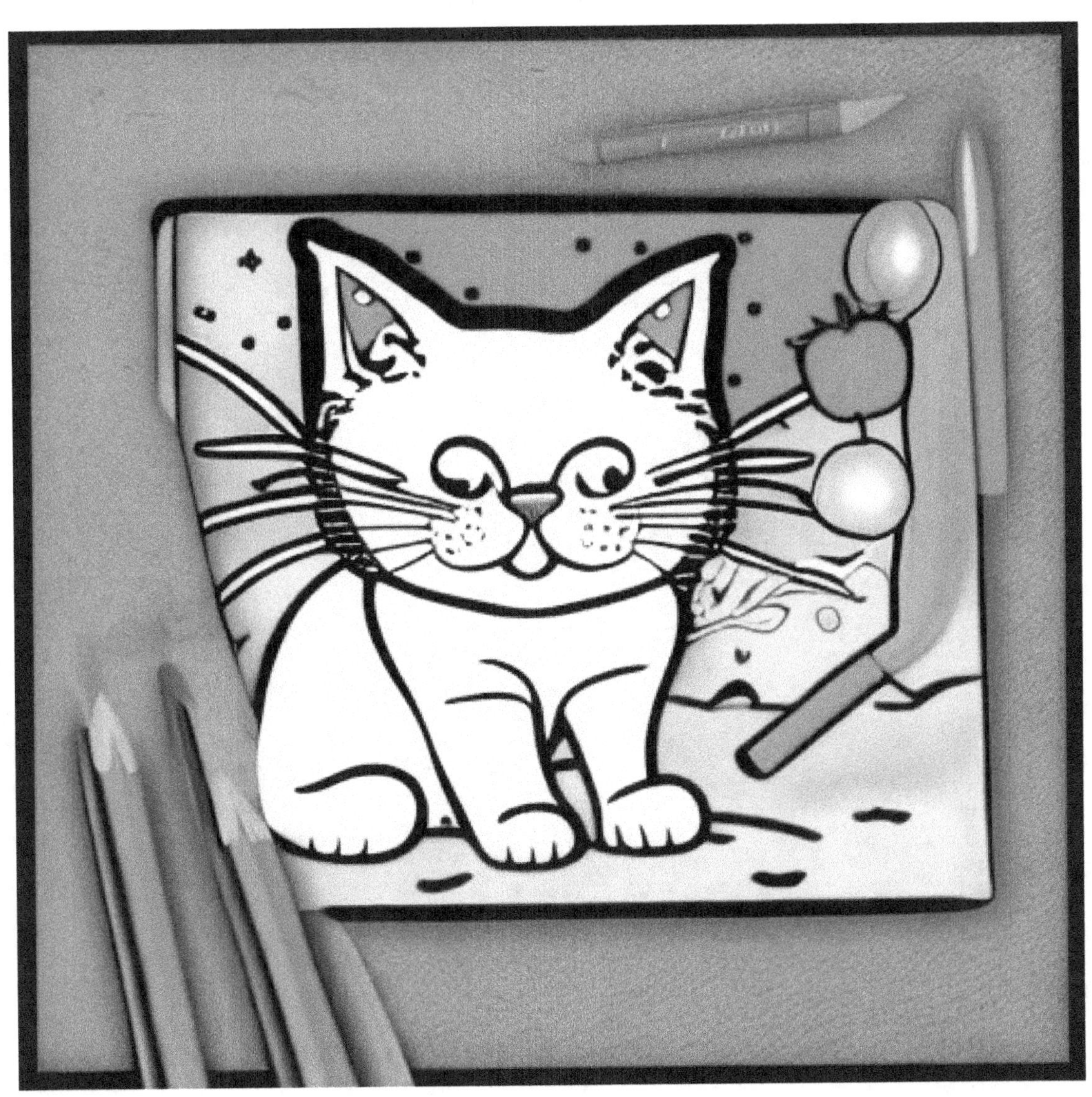

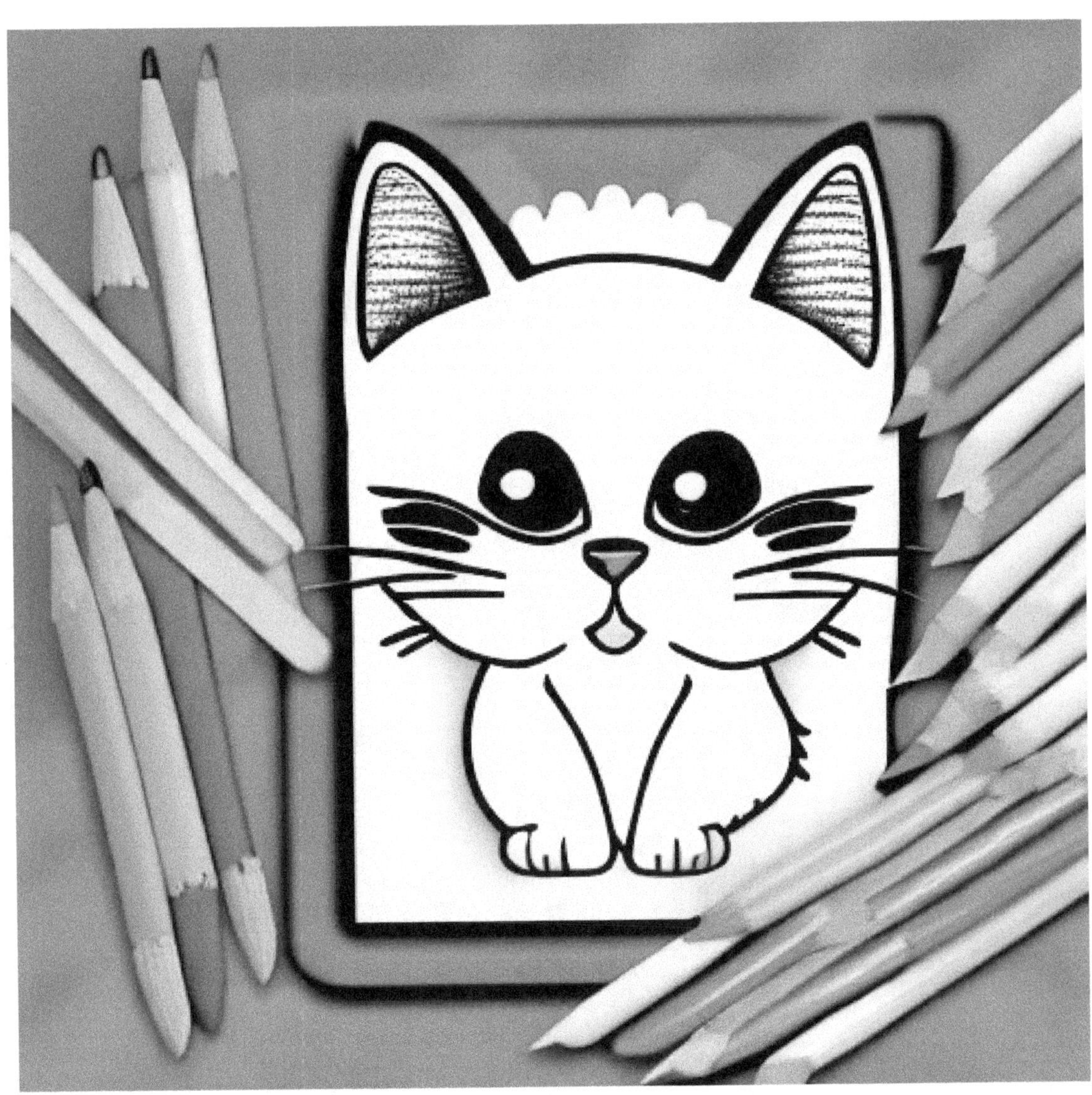

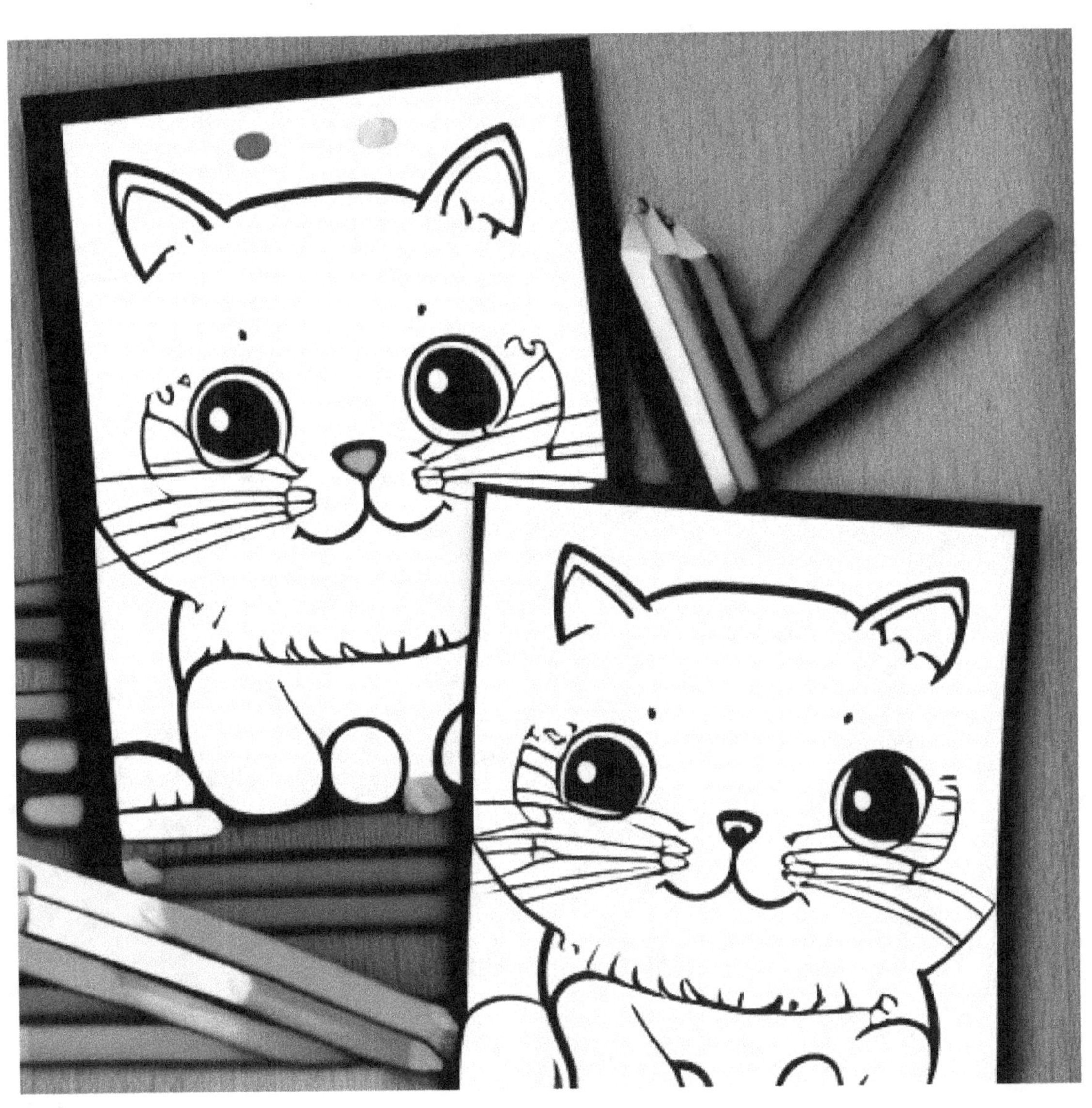

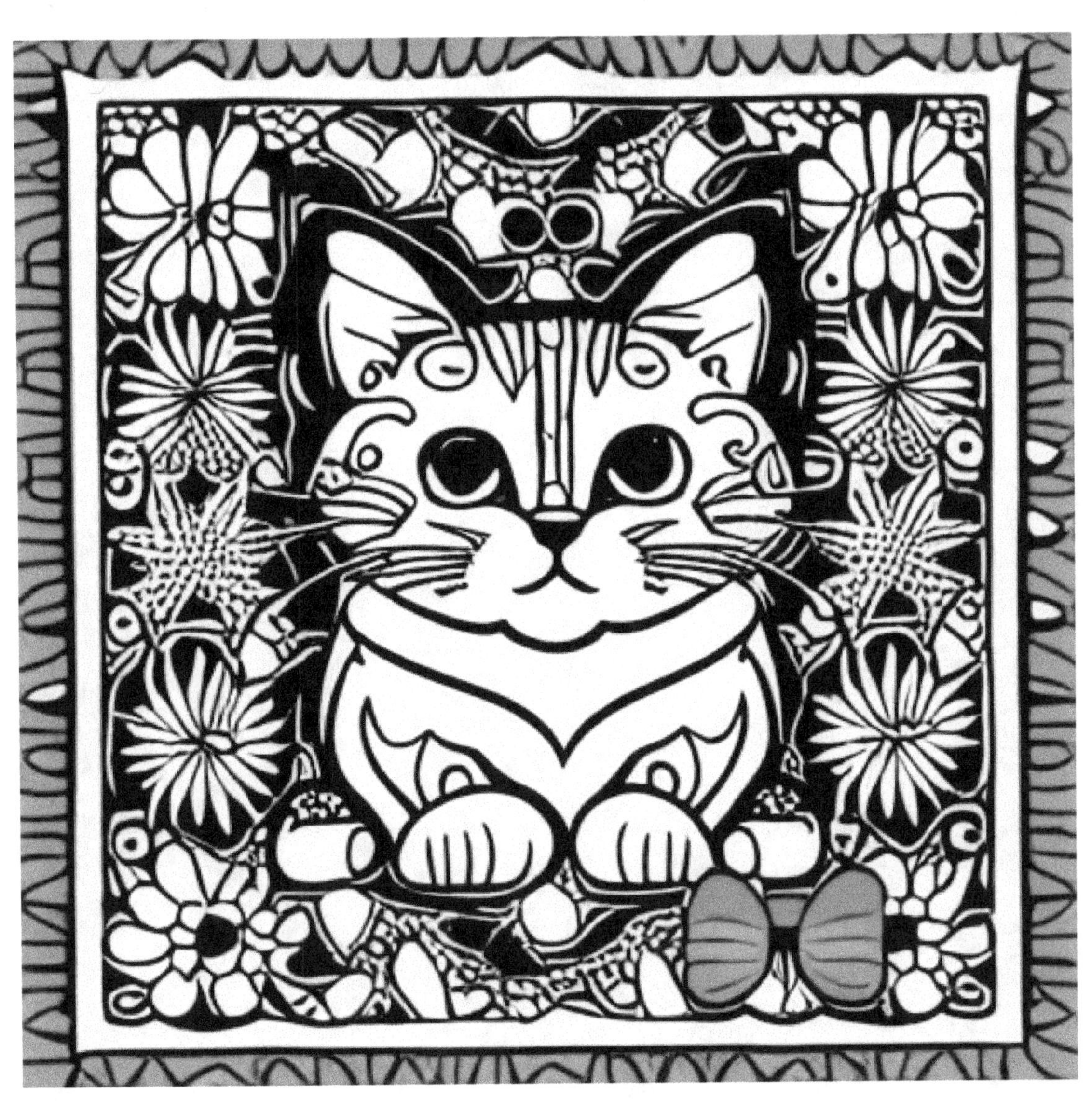

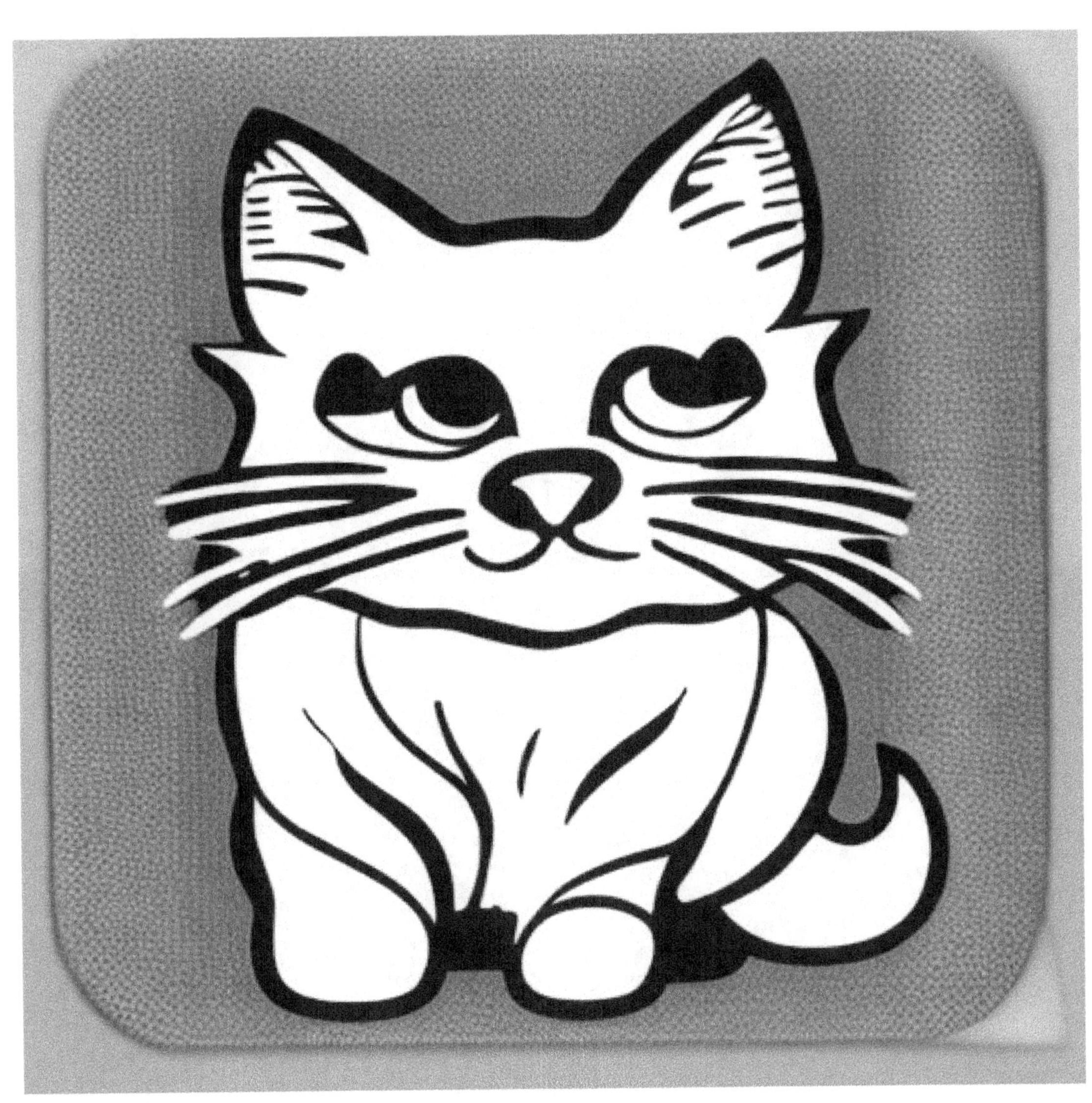

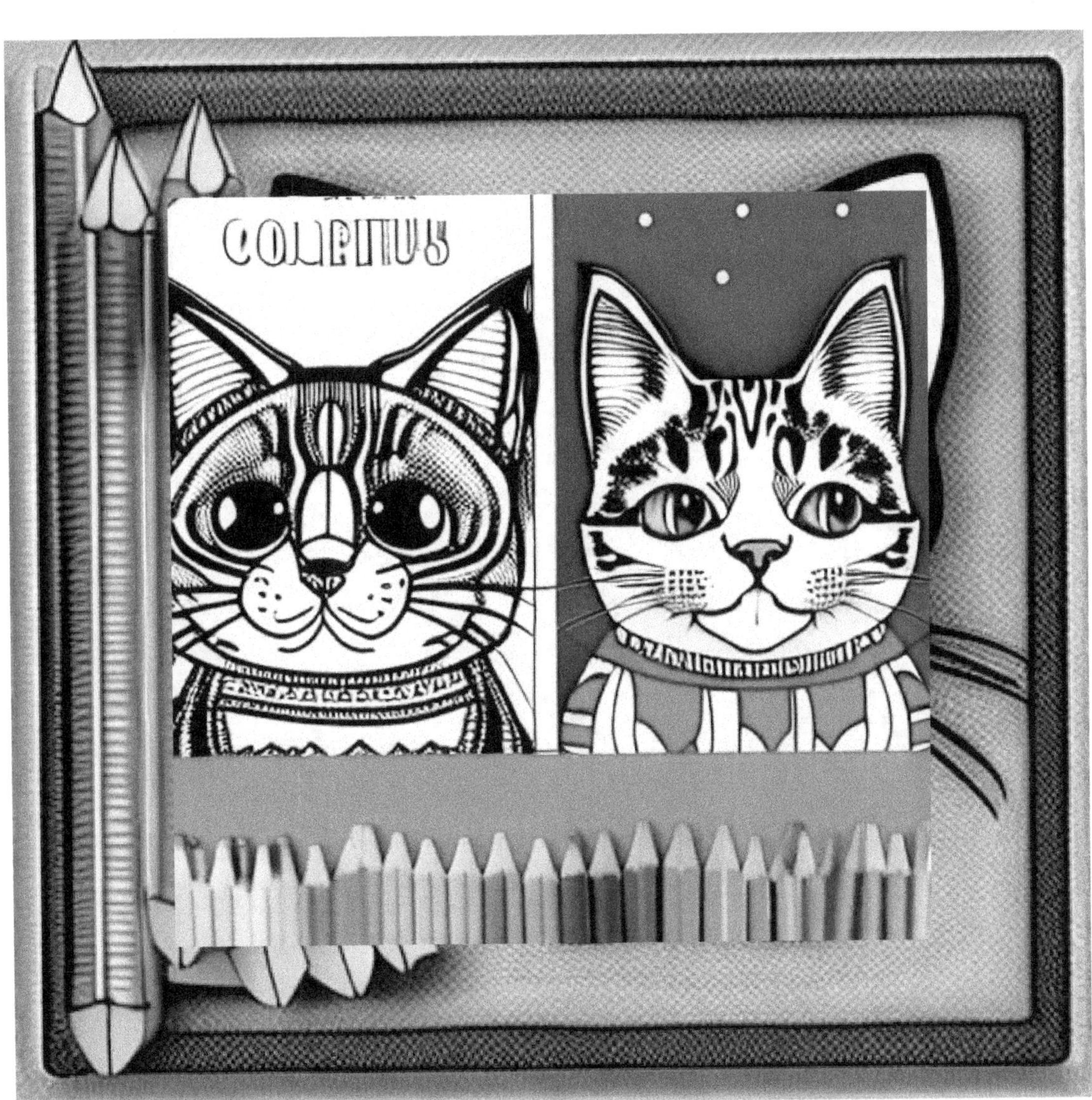
COLORING

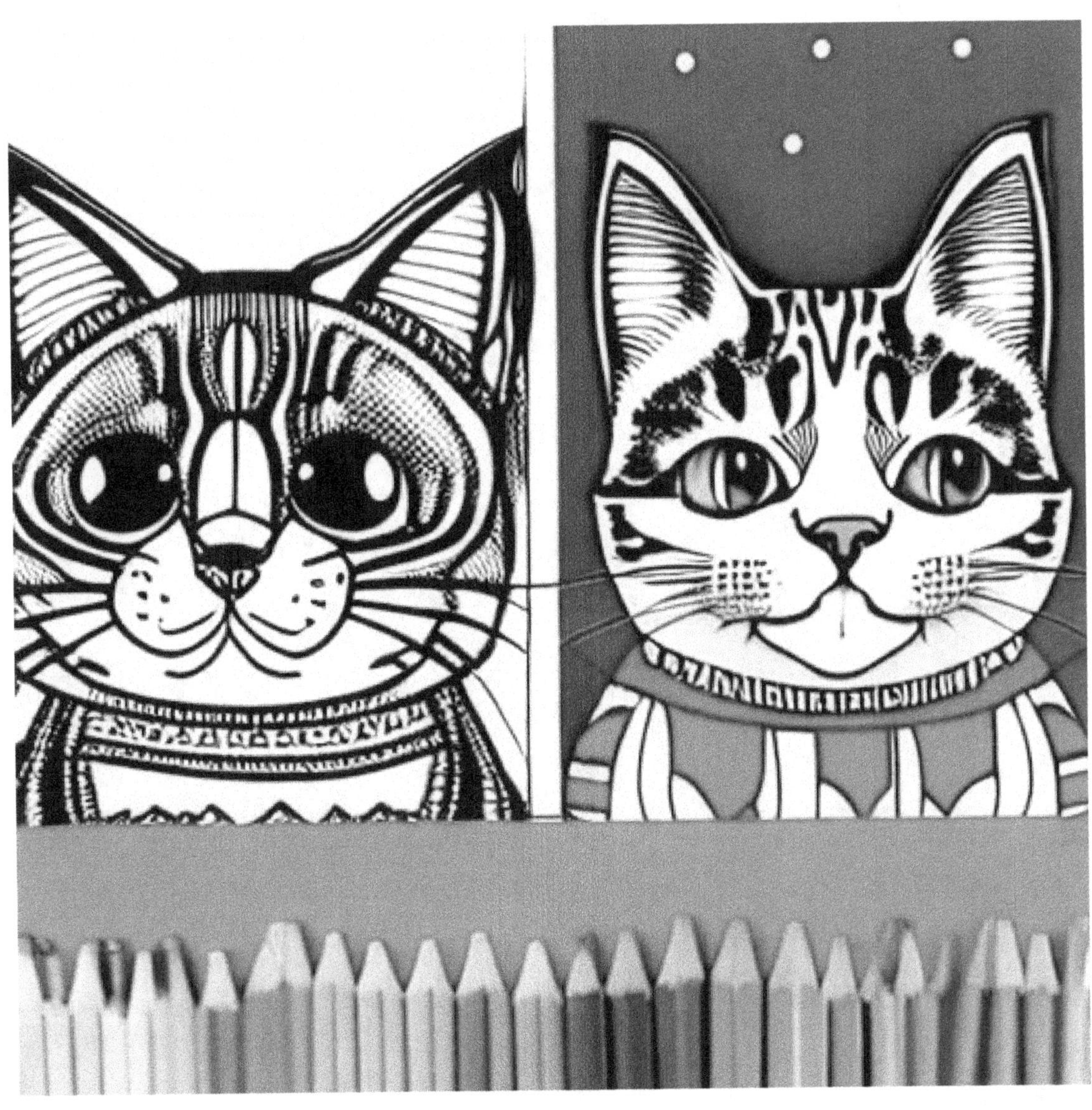

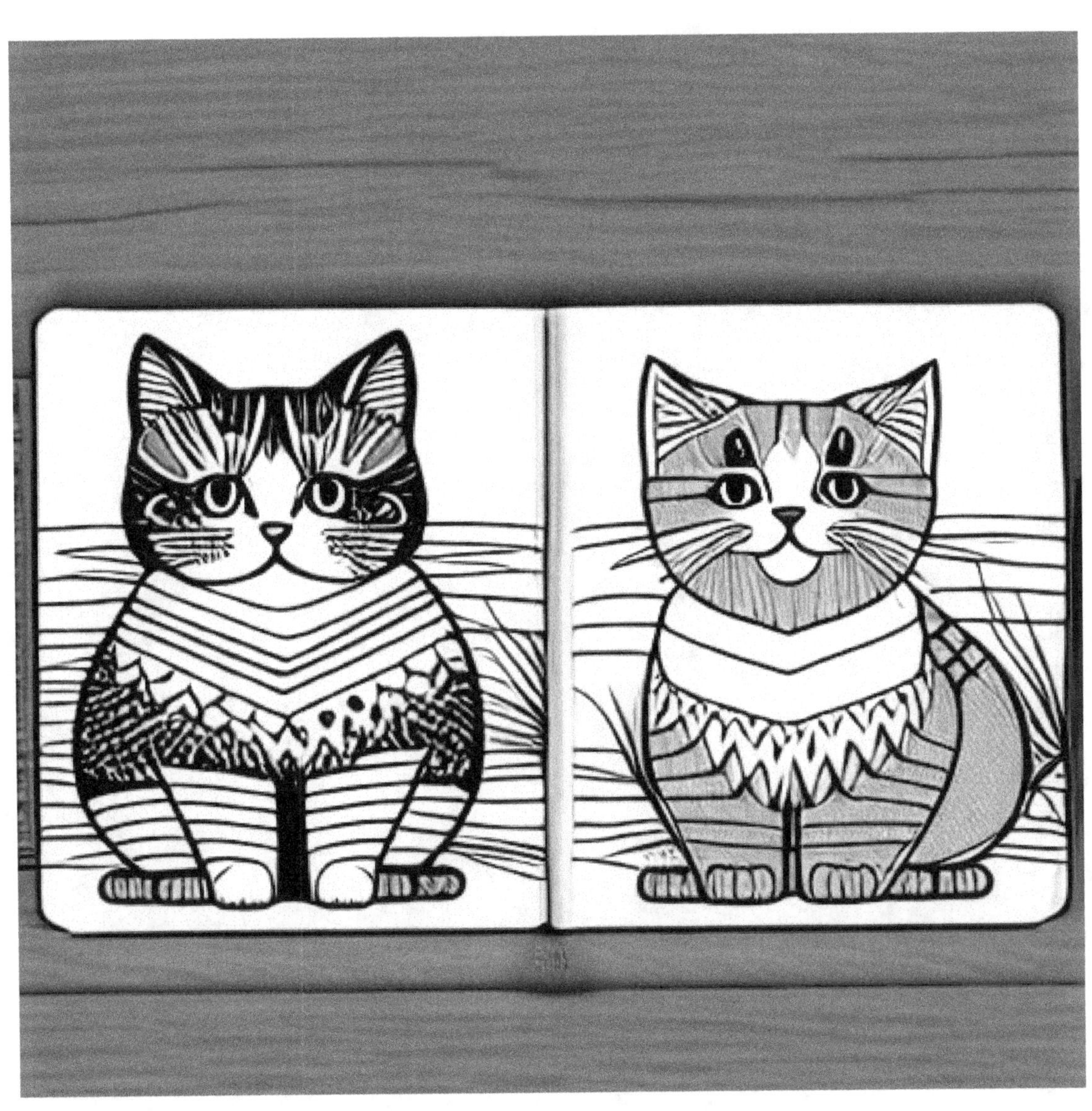

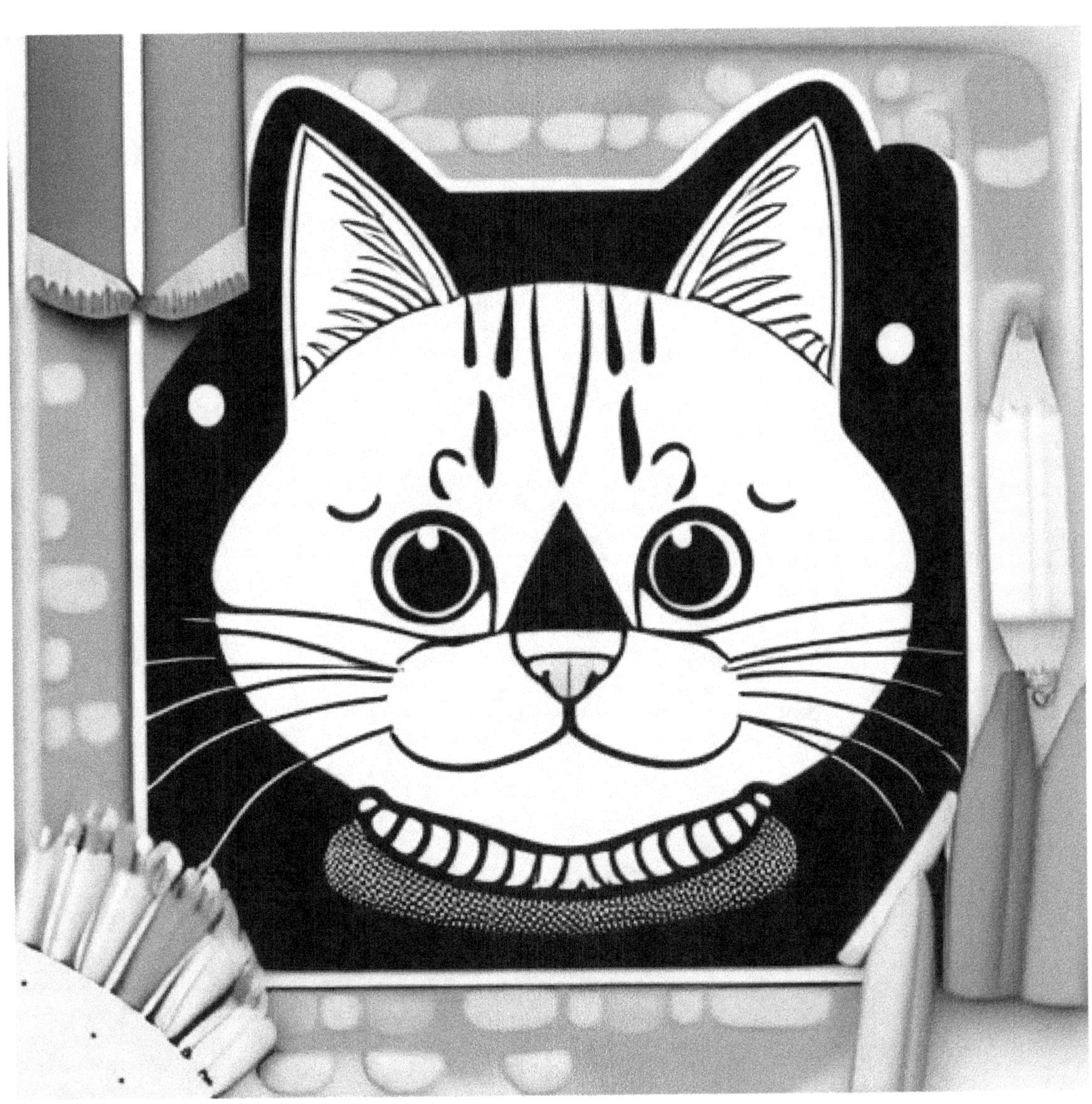

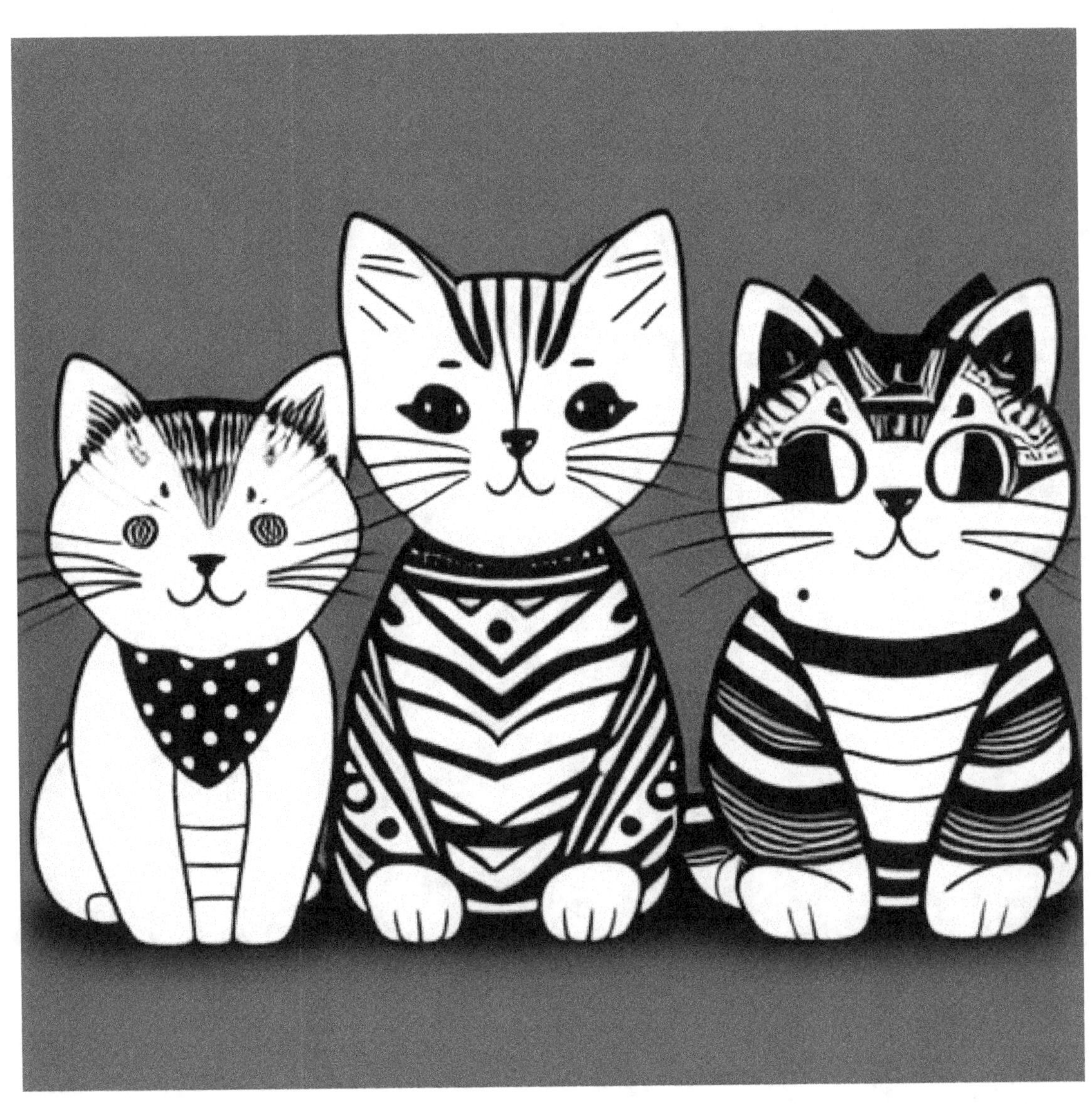

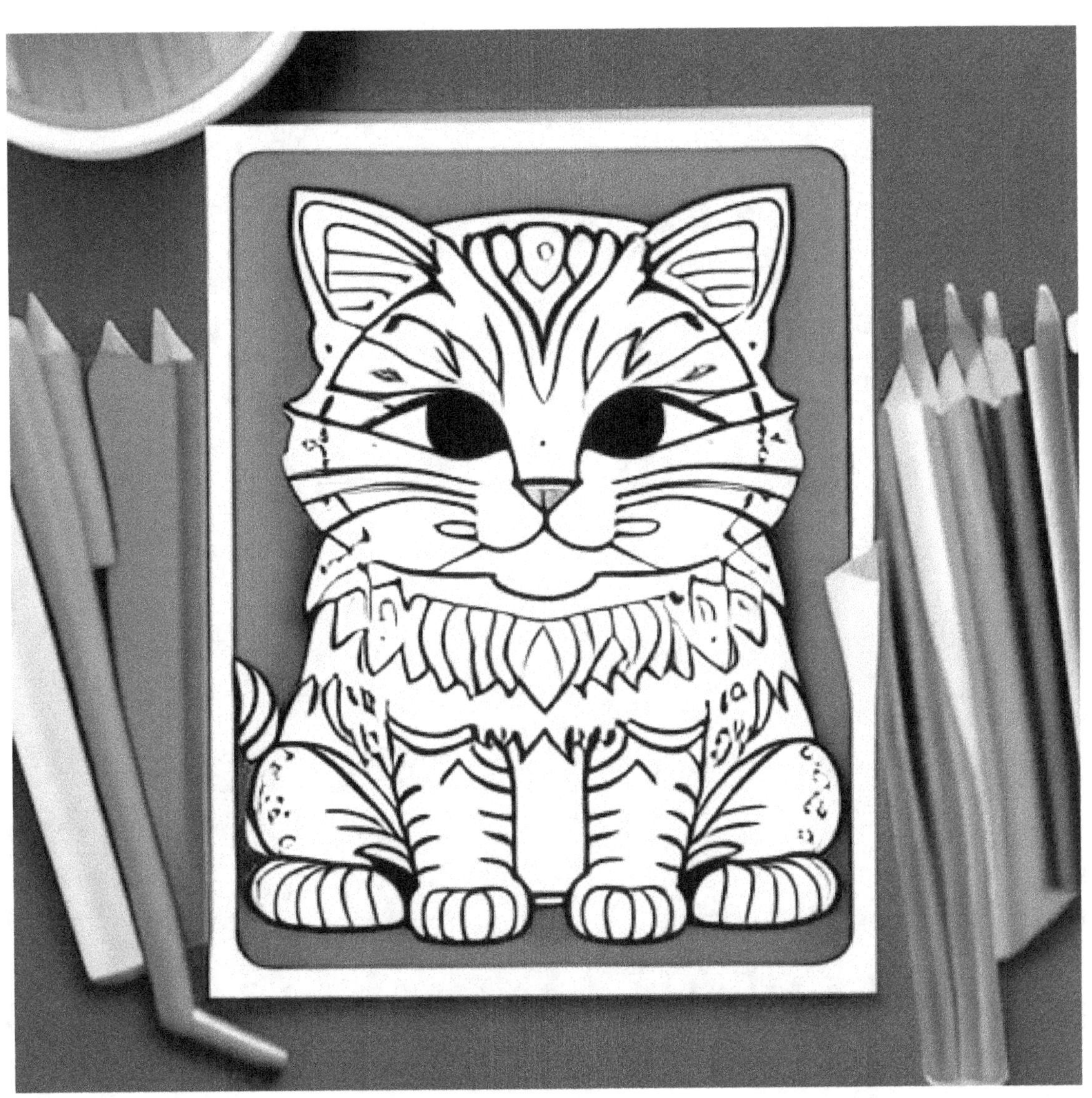

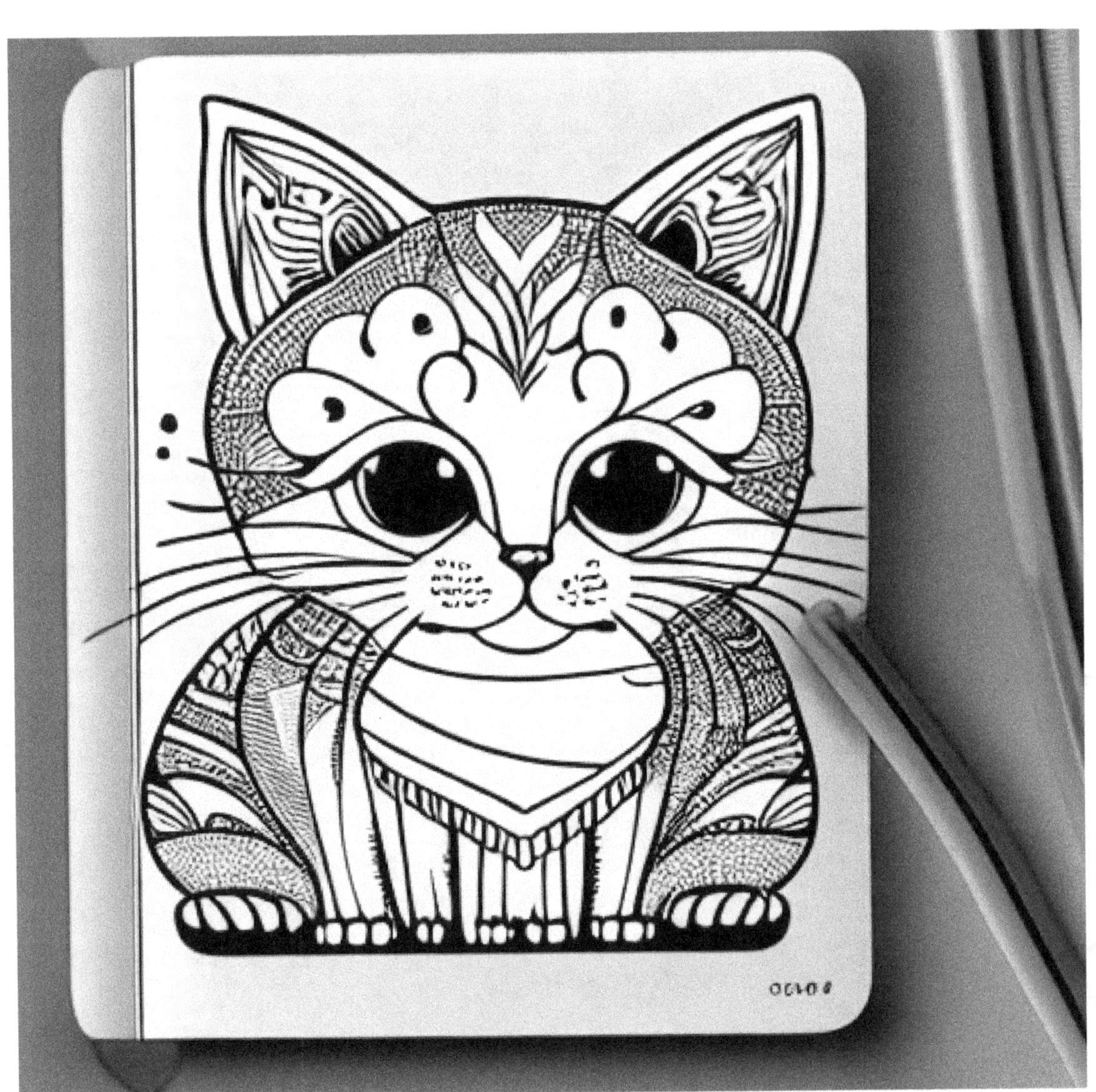

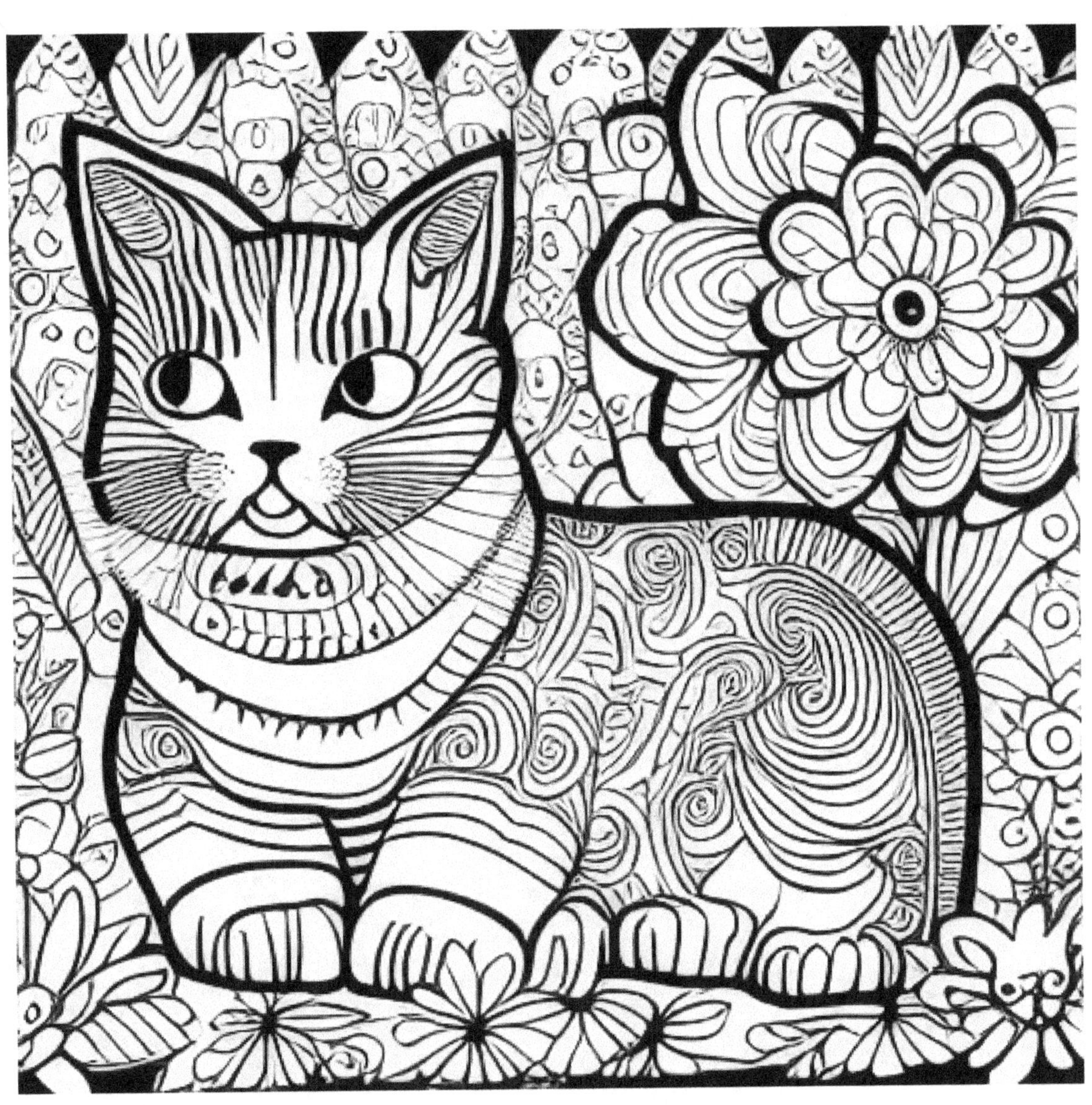

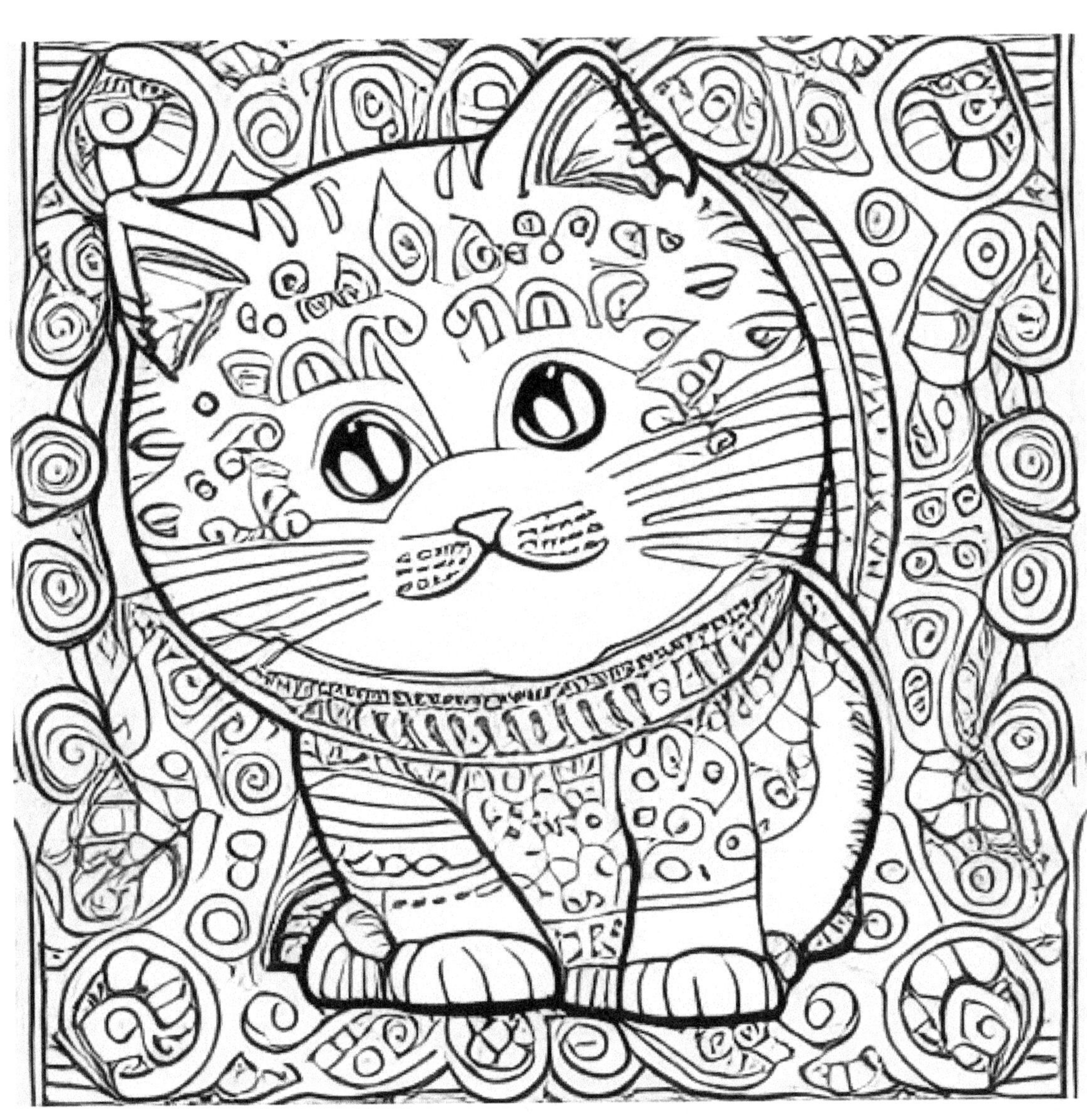

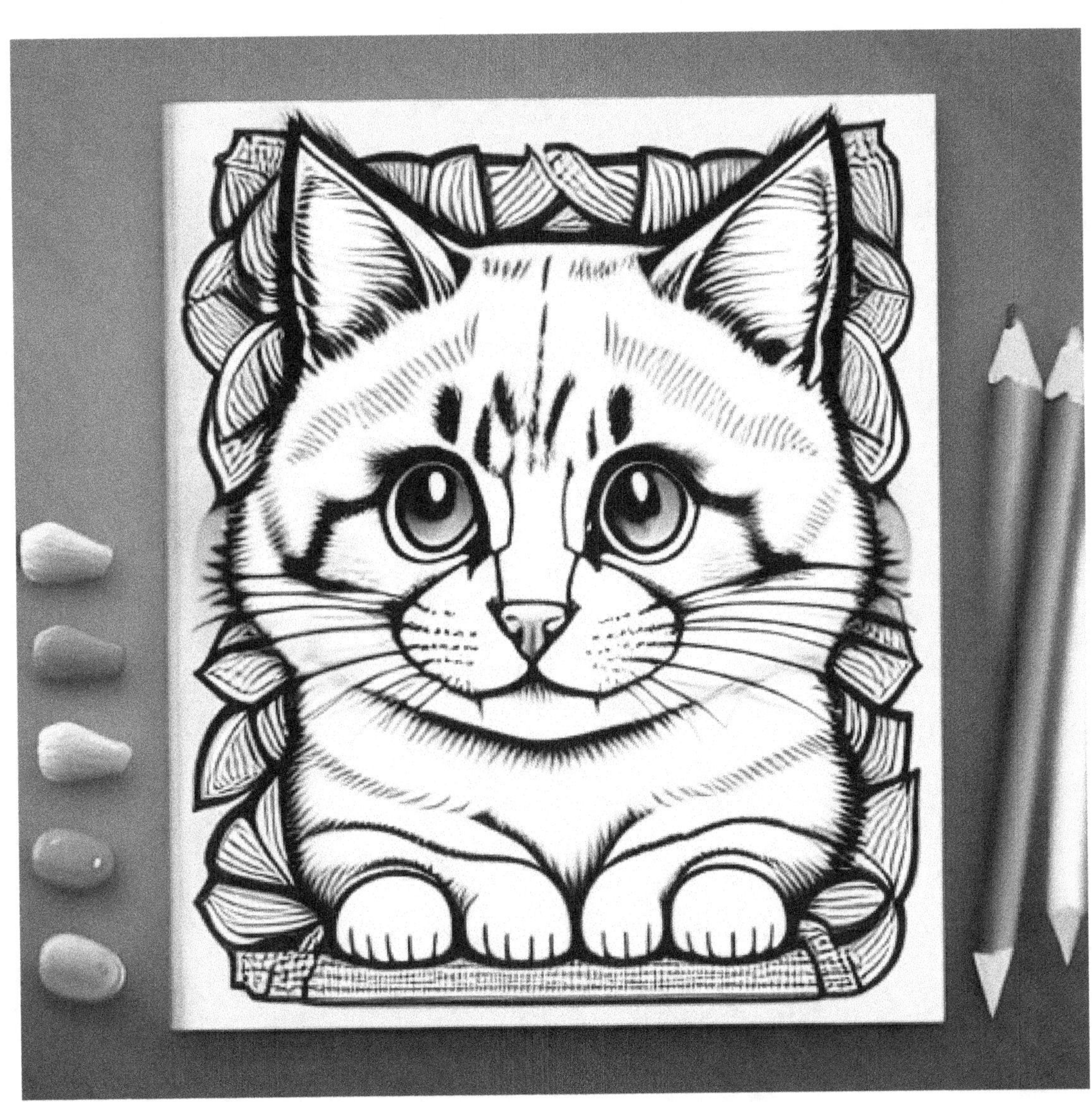

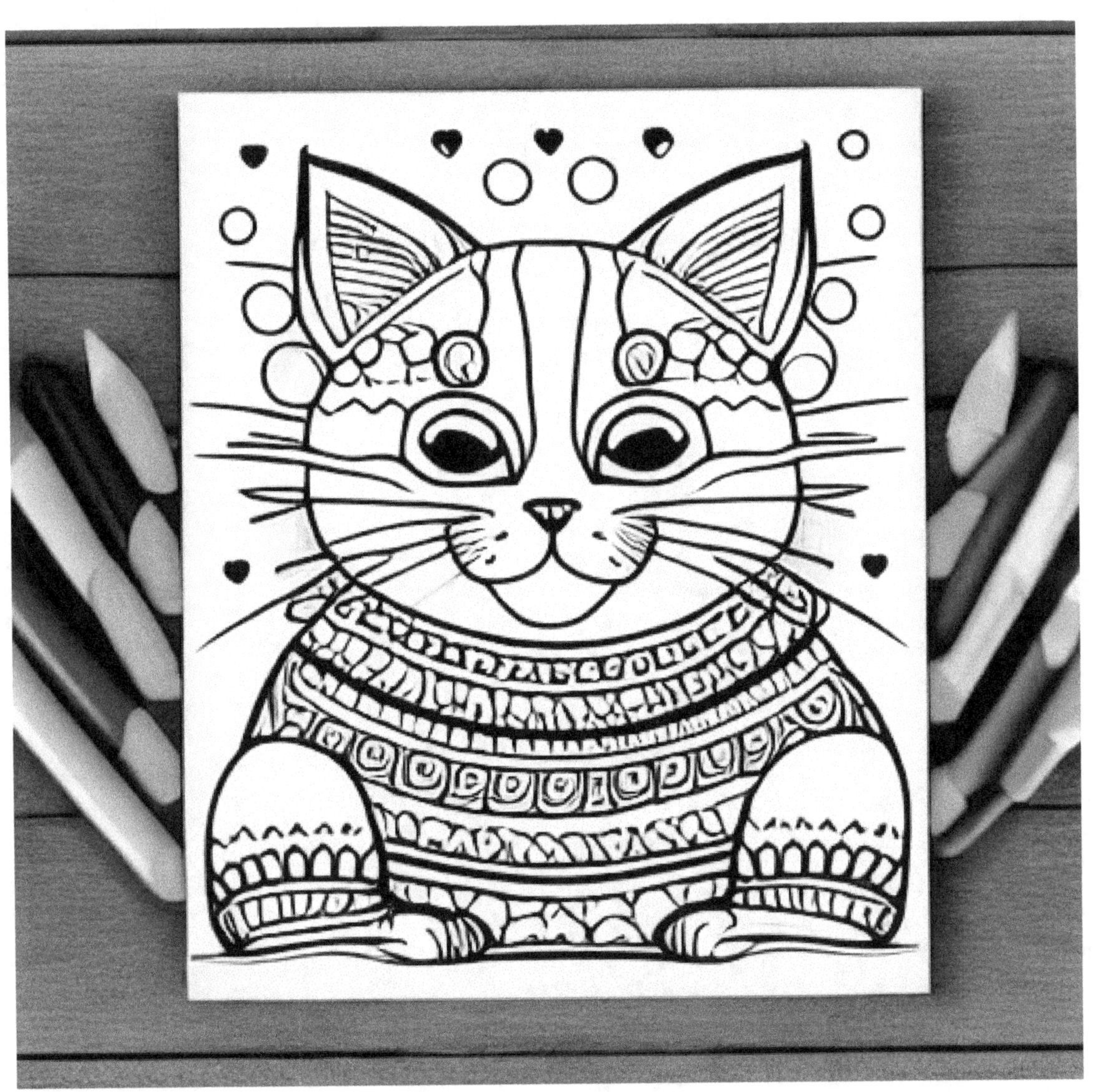

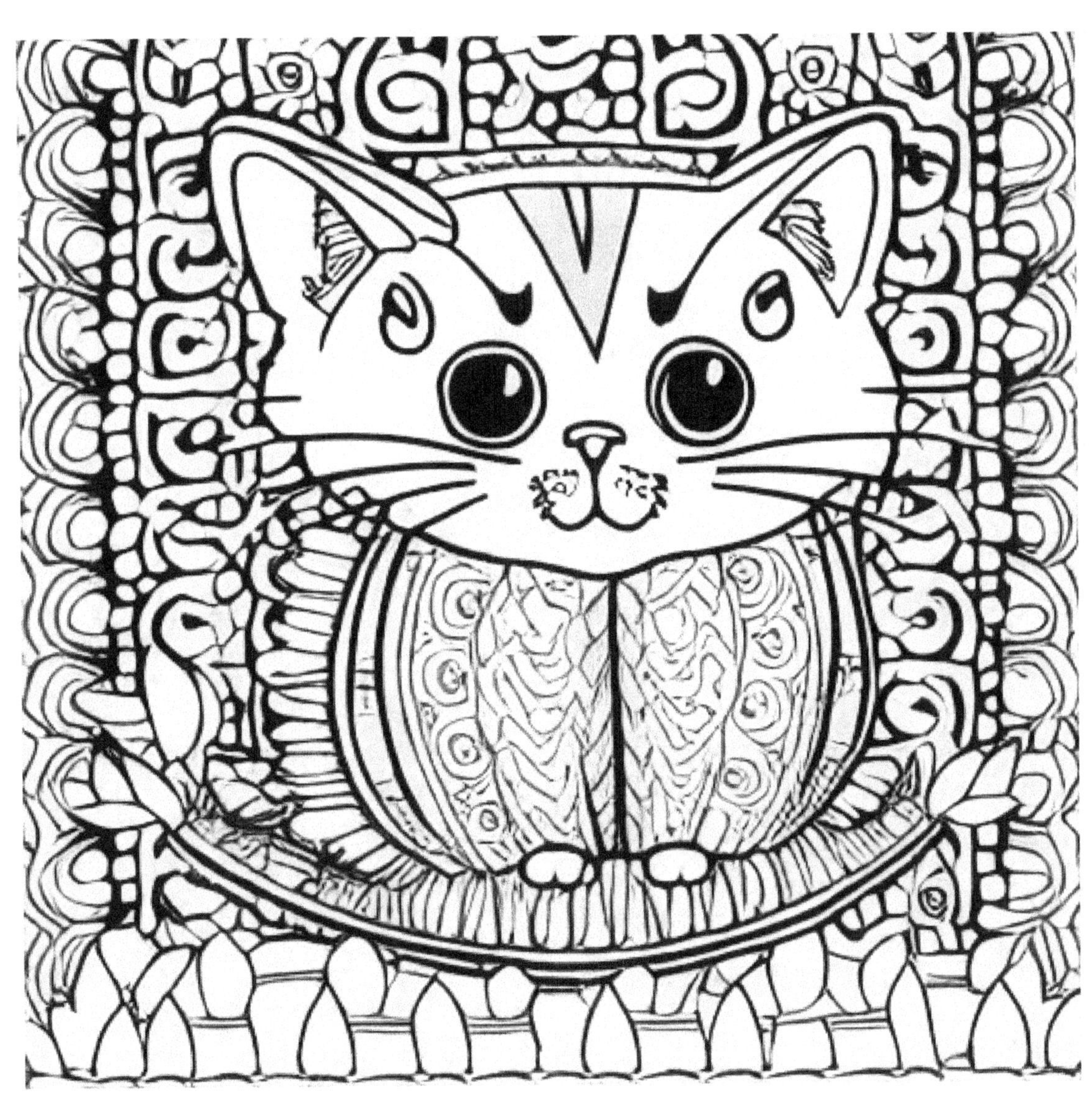

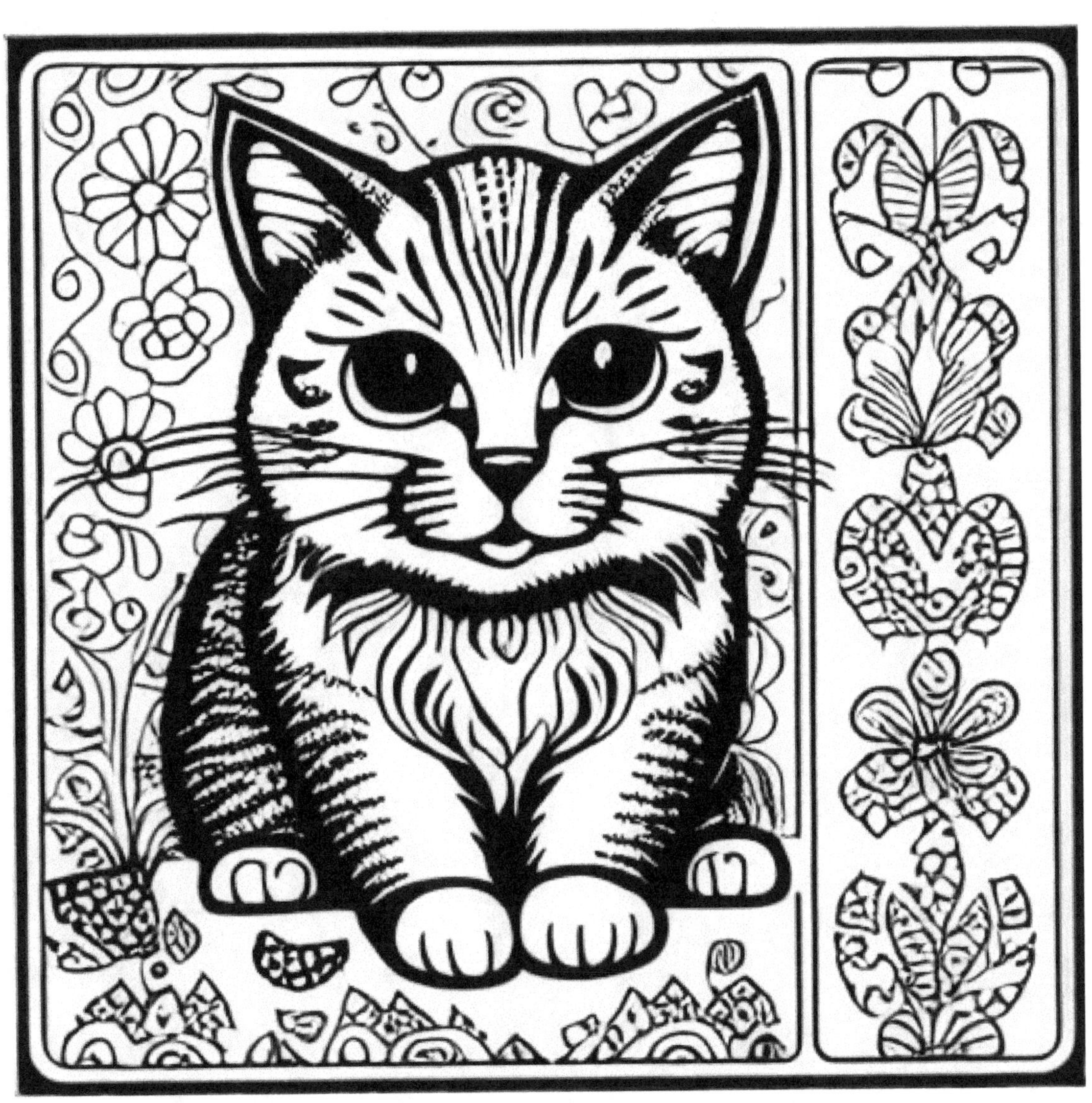

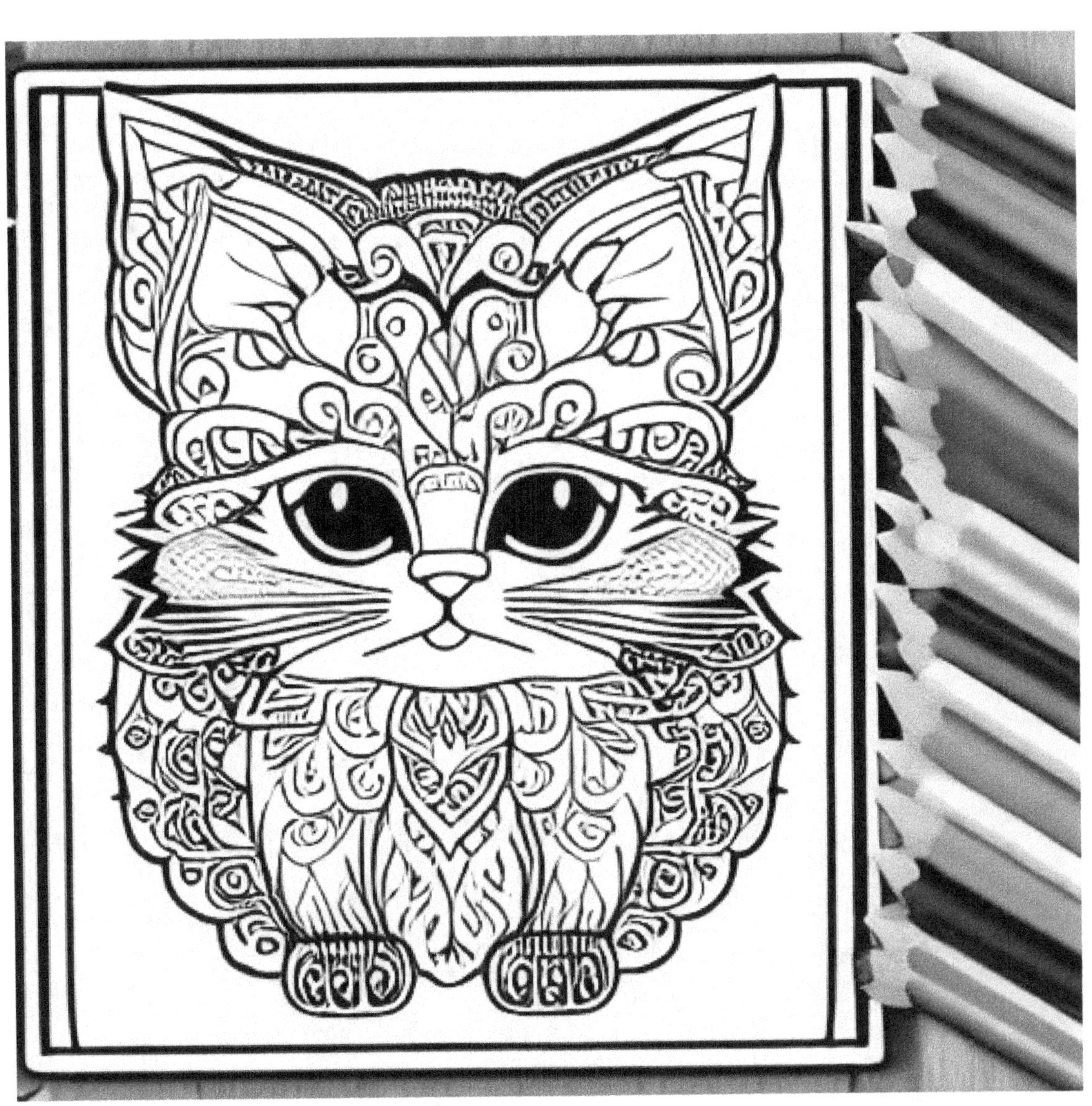

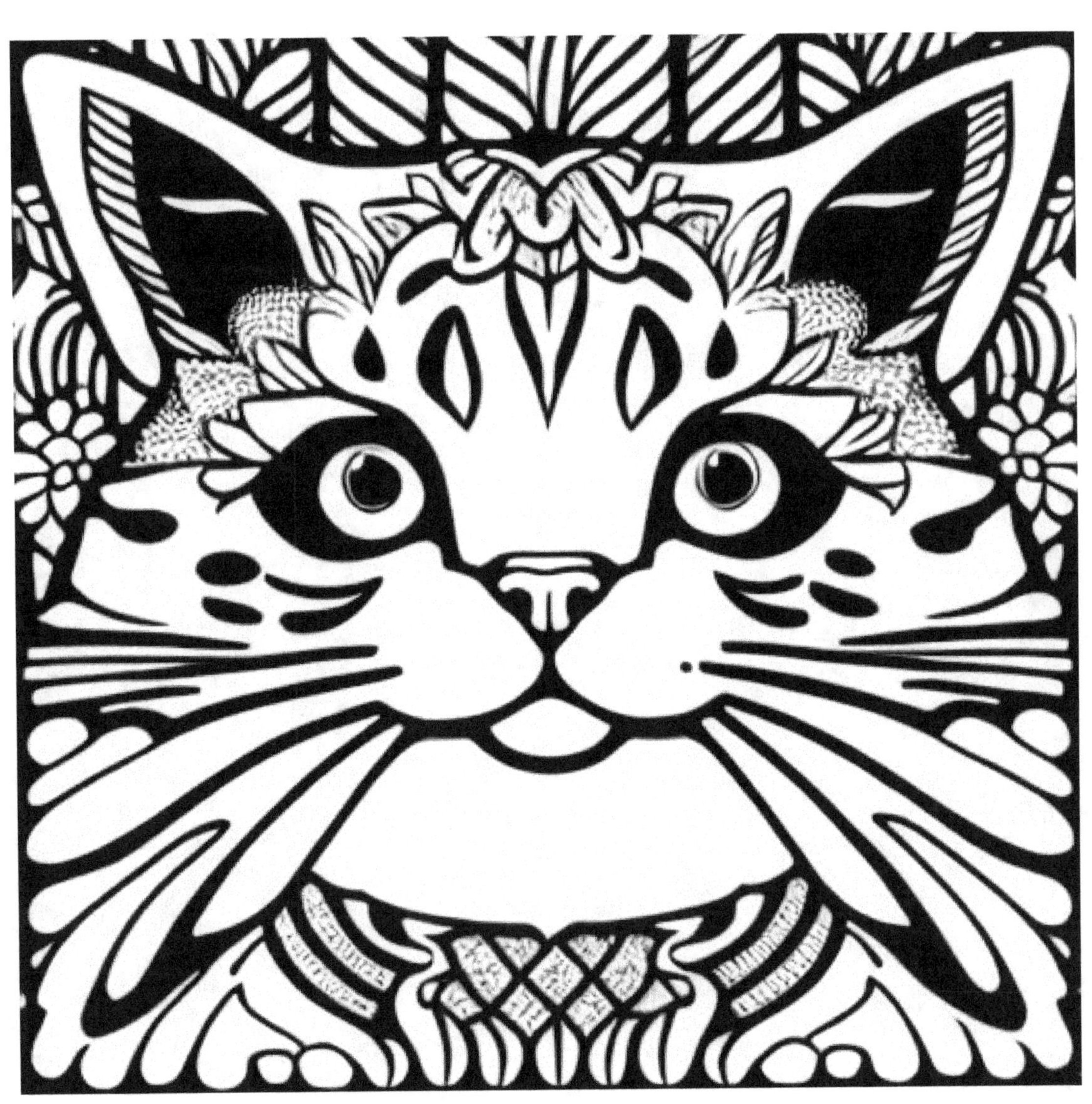

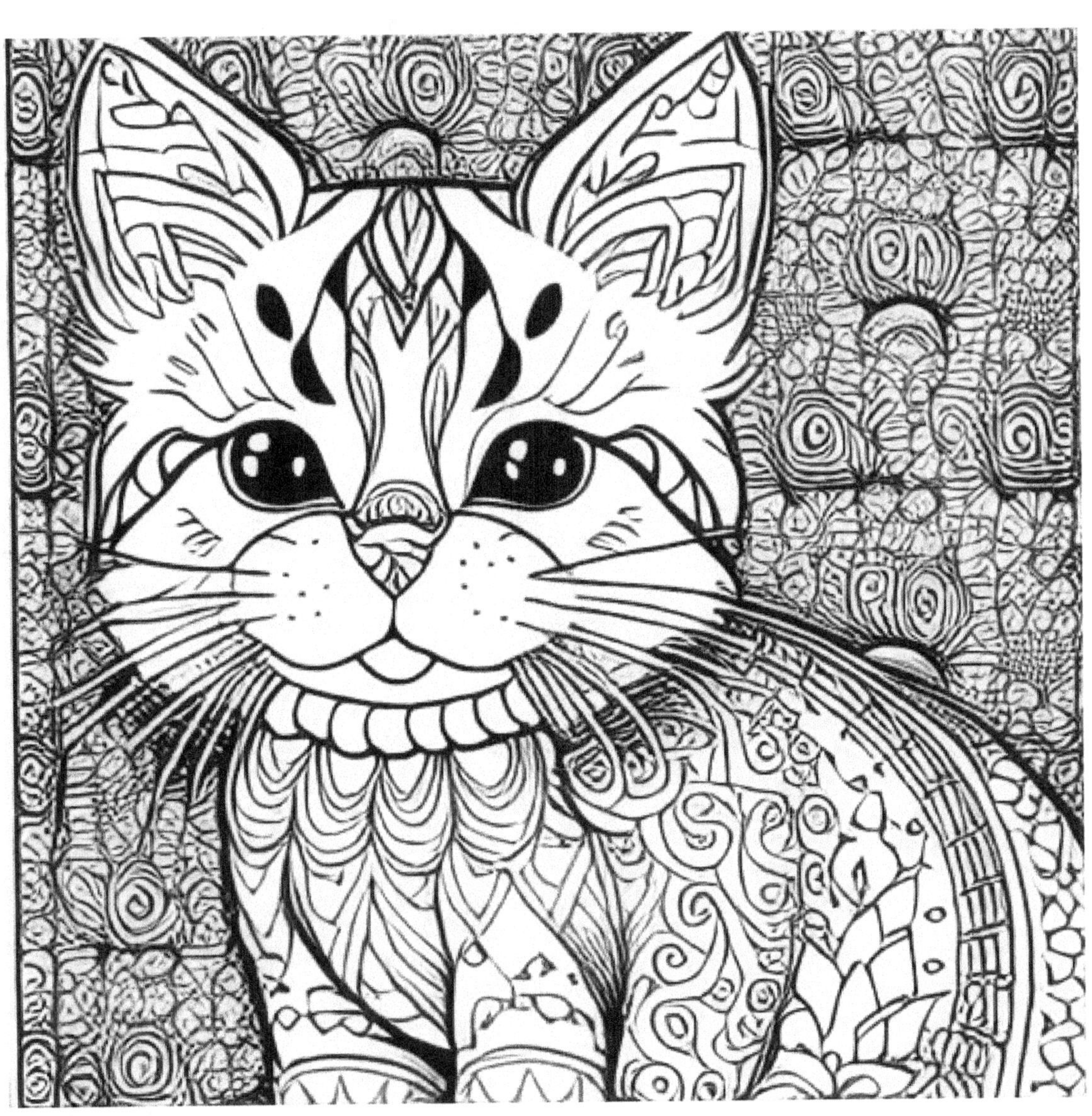

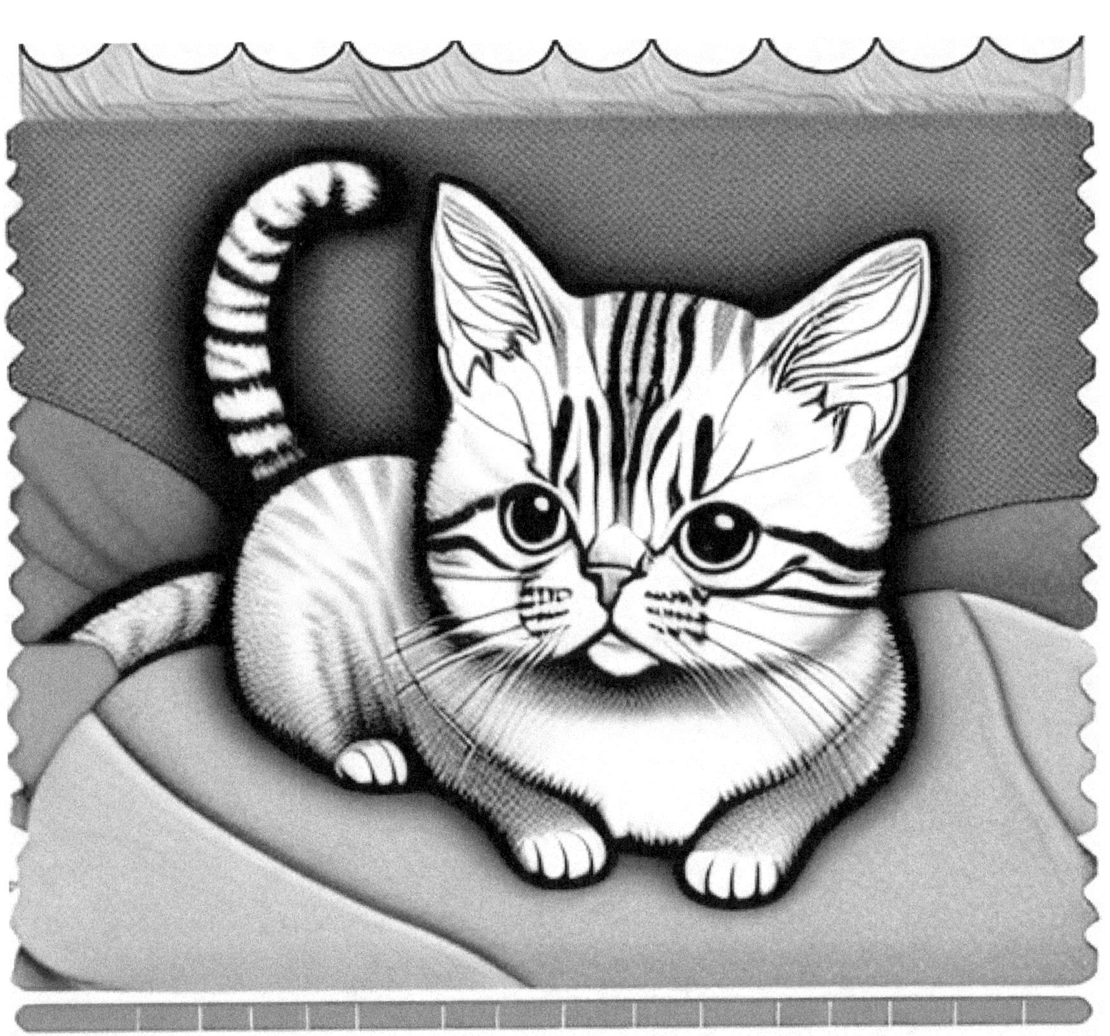

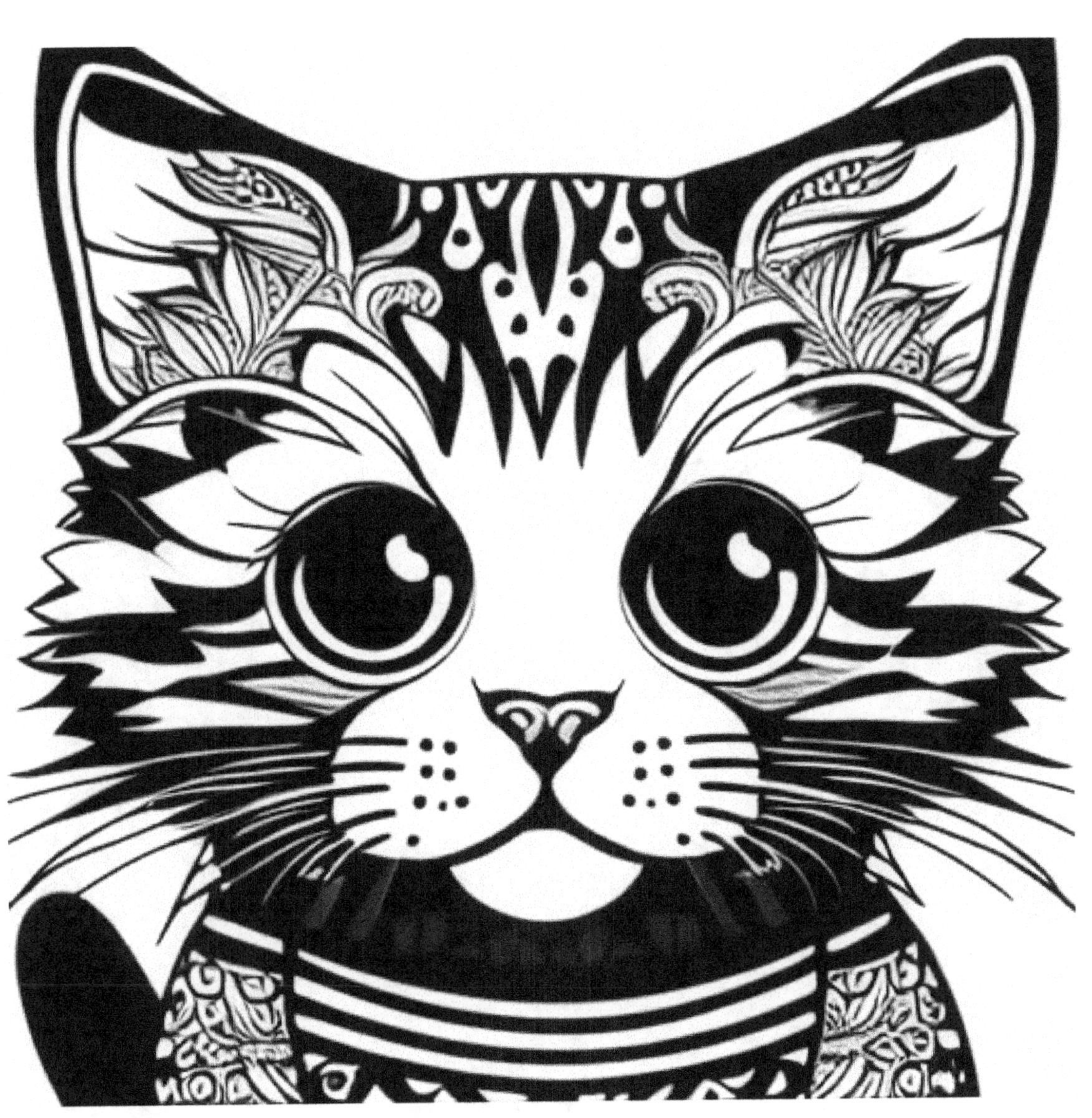

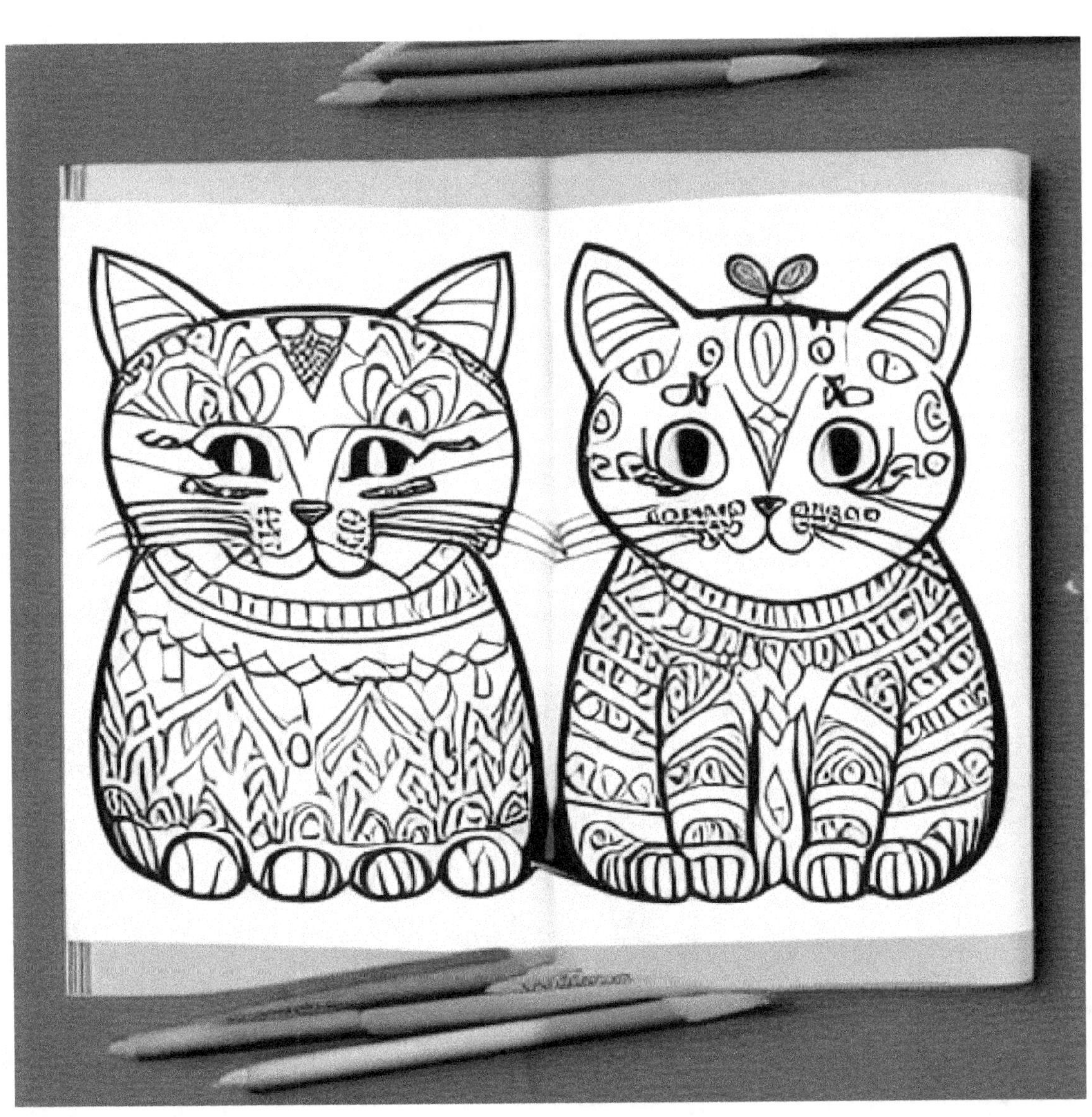

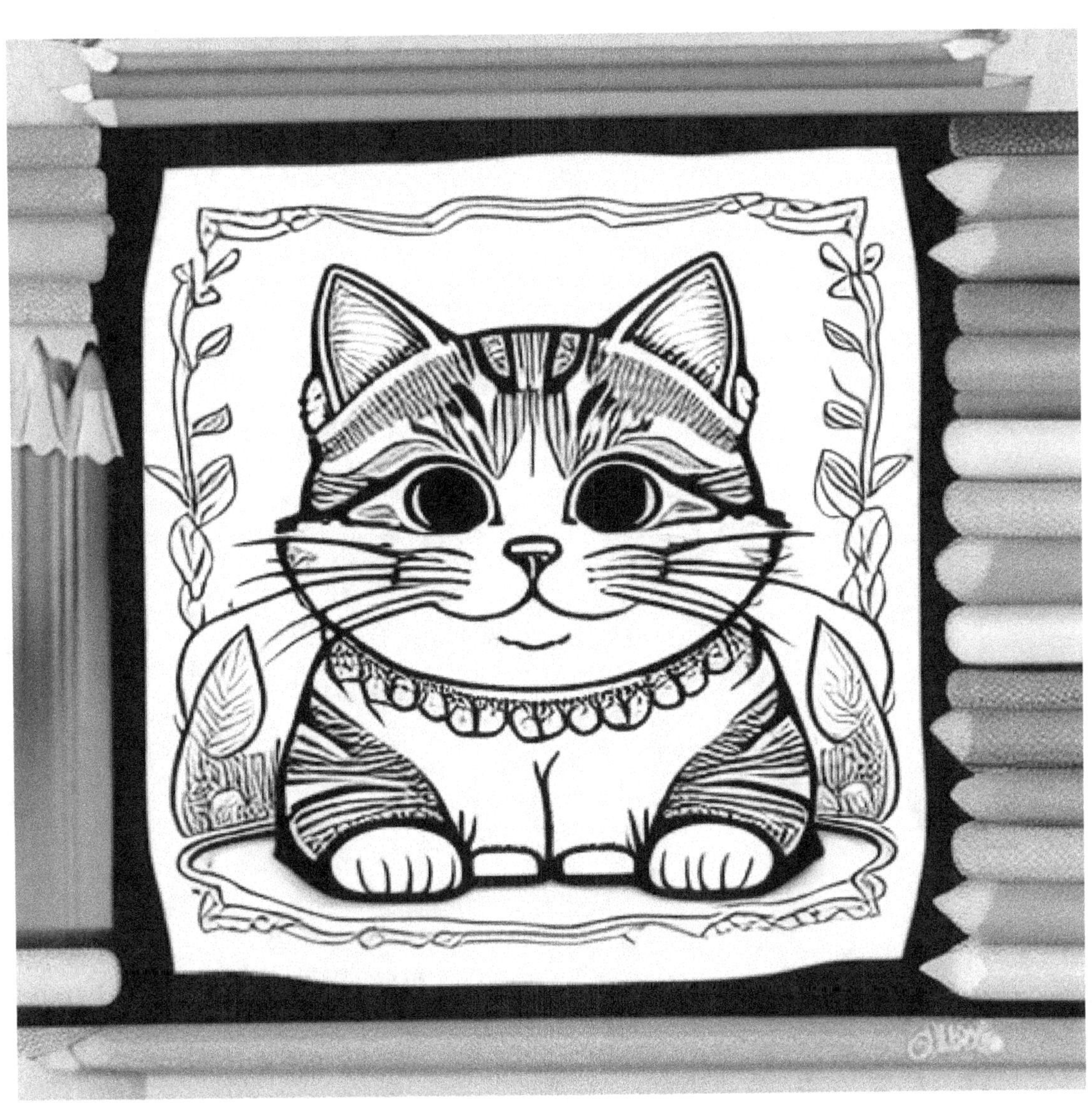

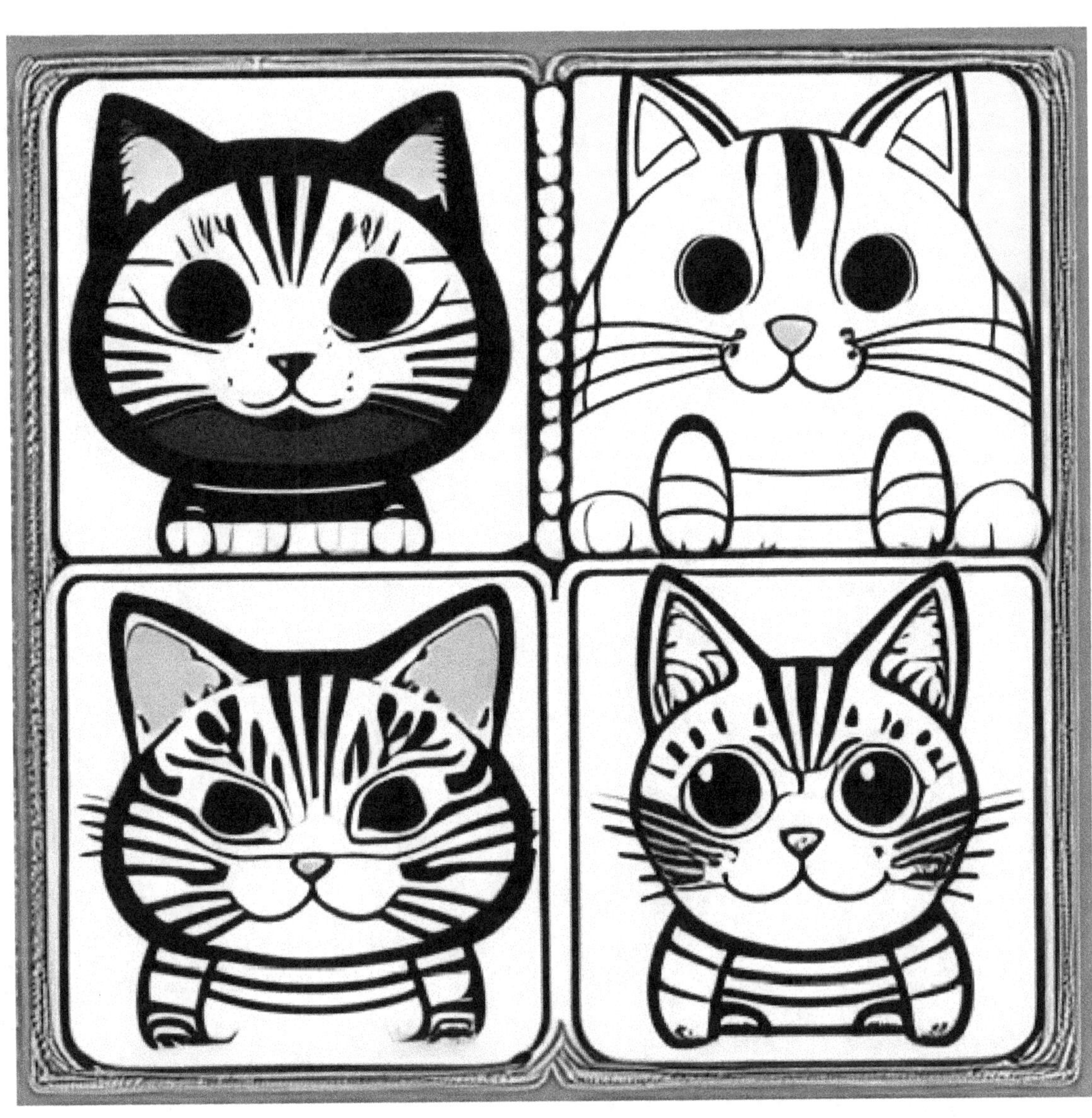

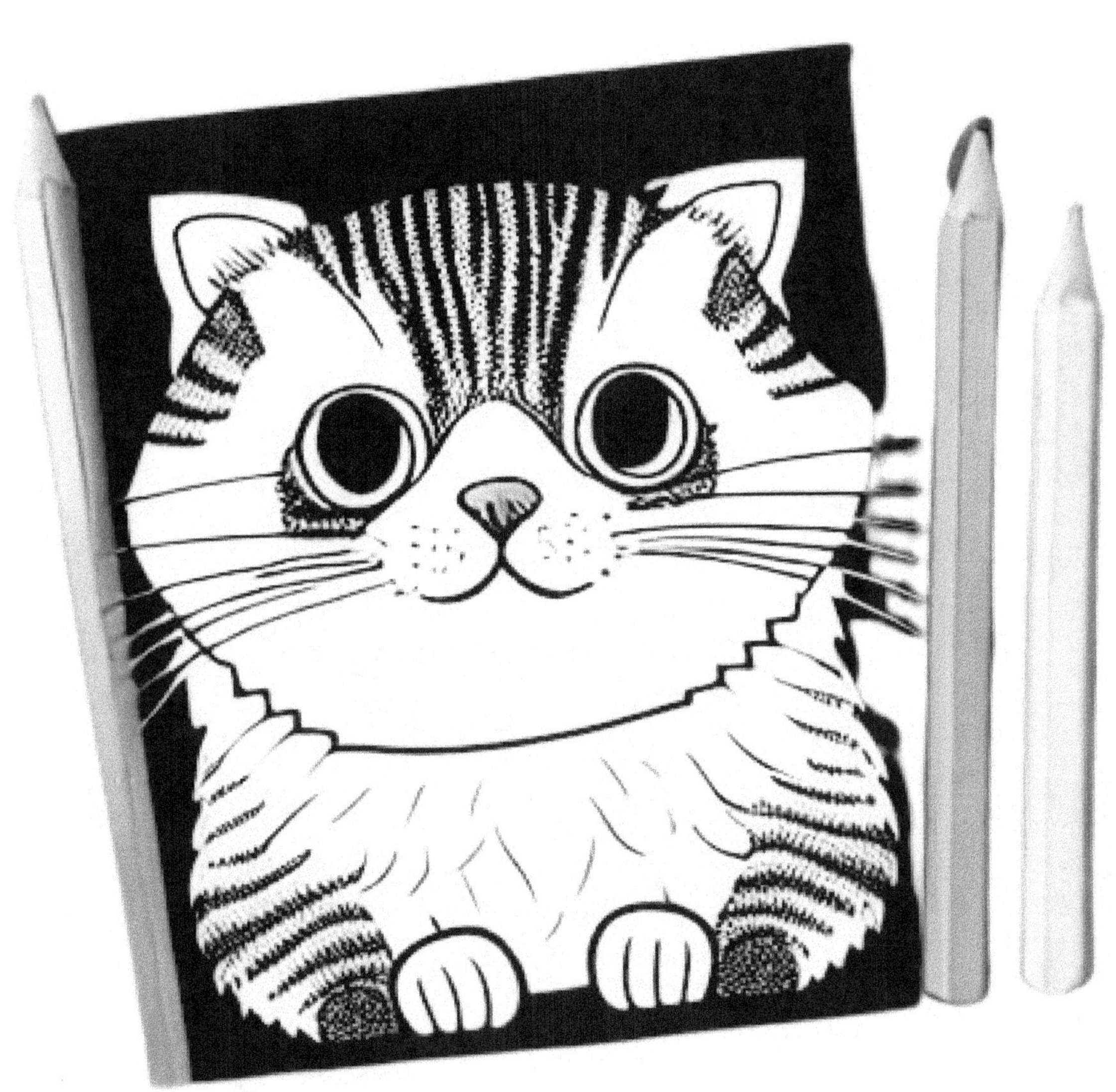

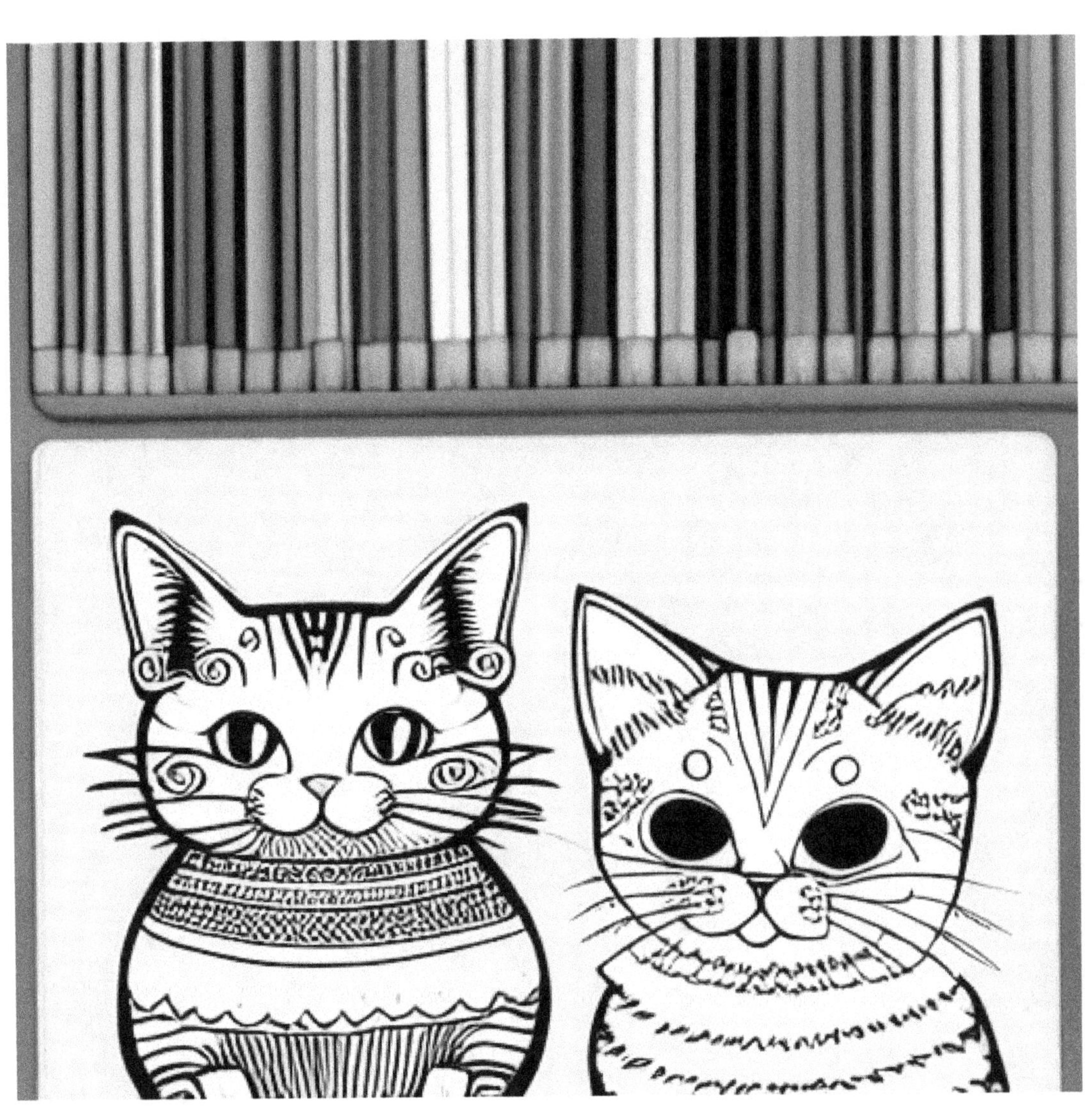

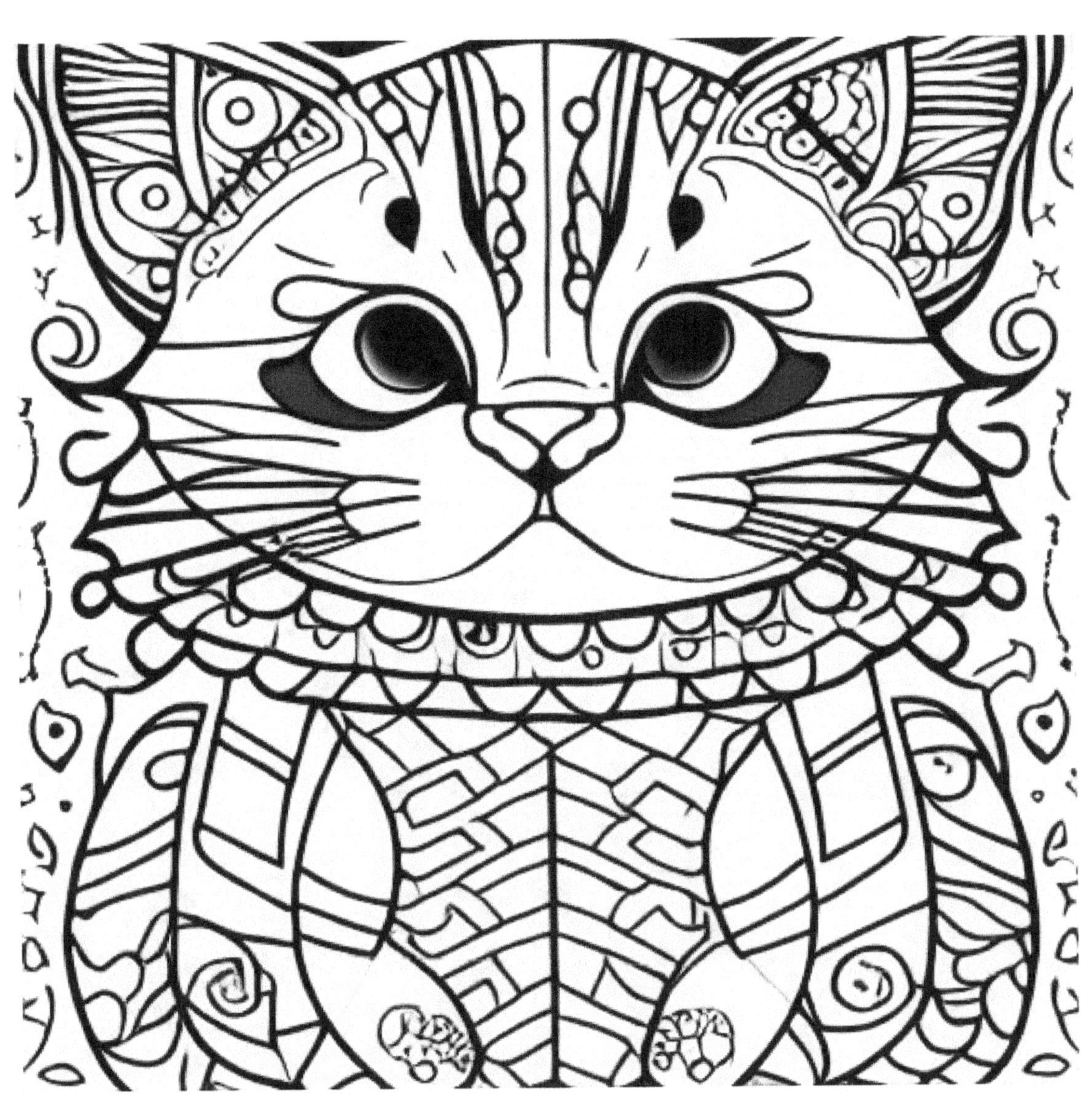

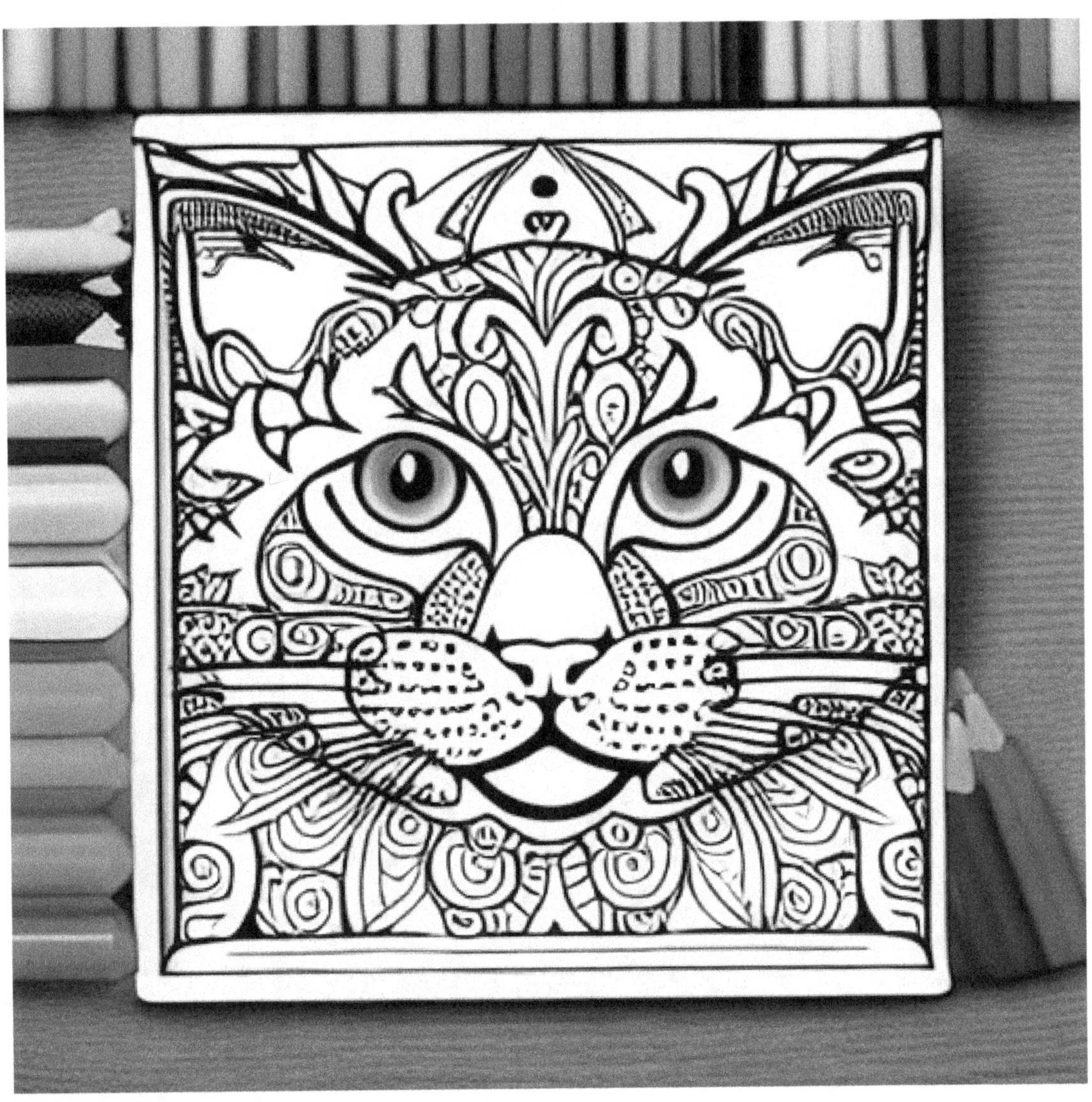

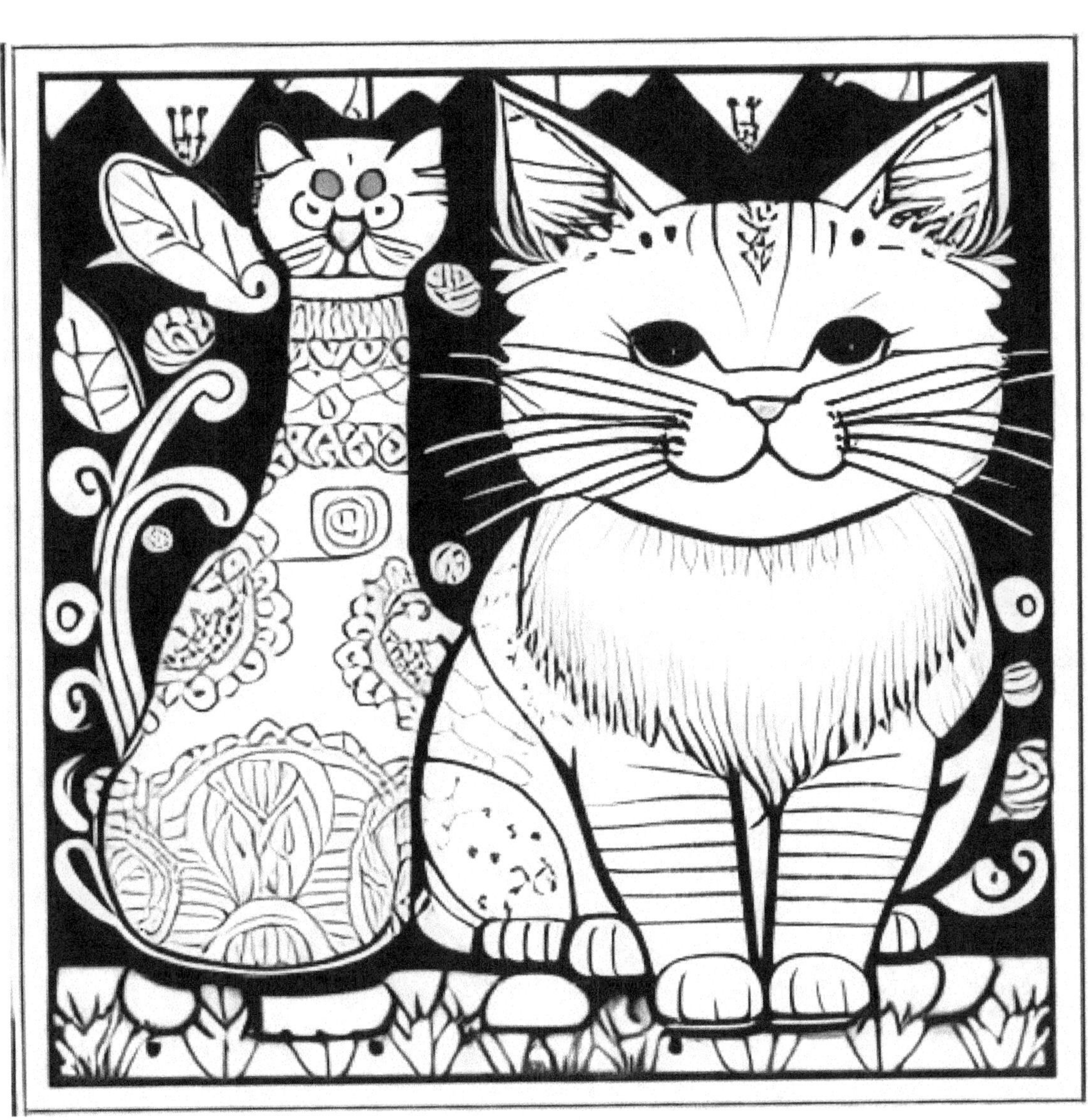

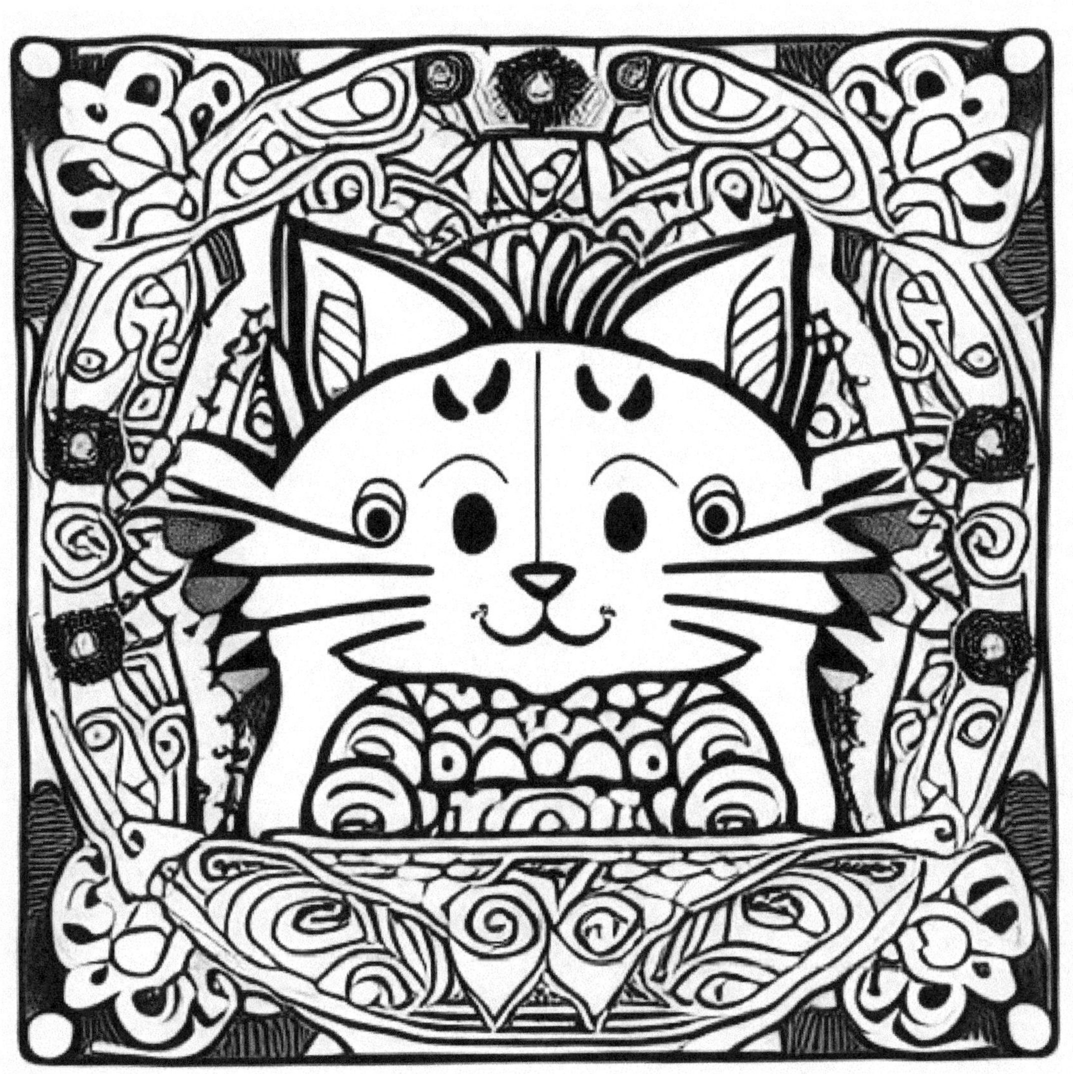

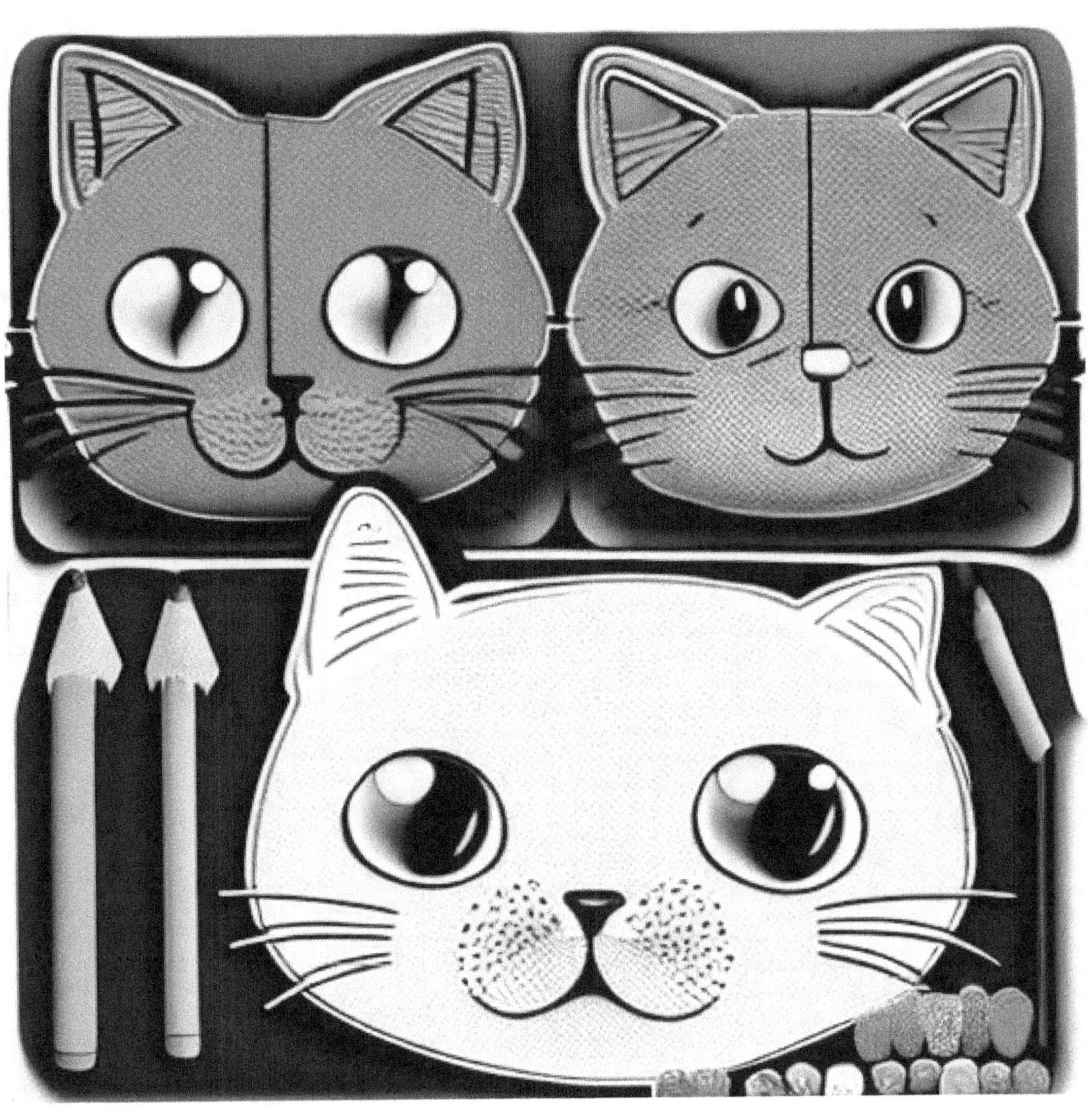

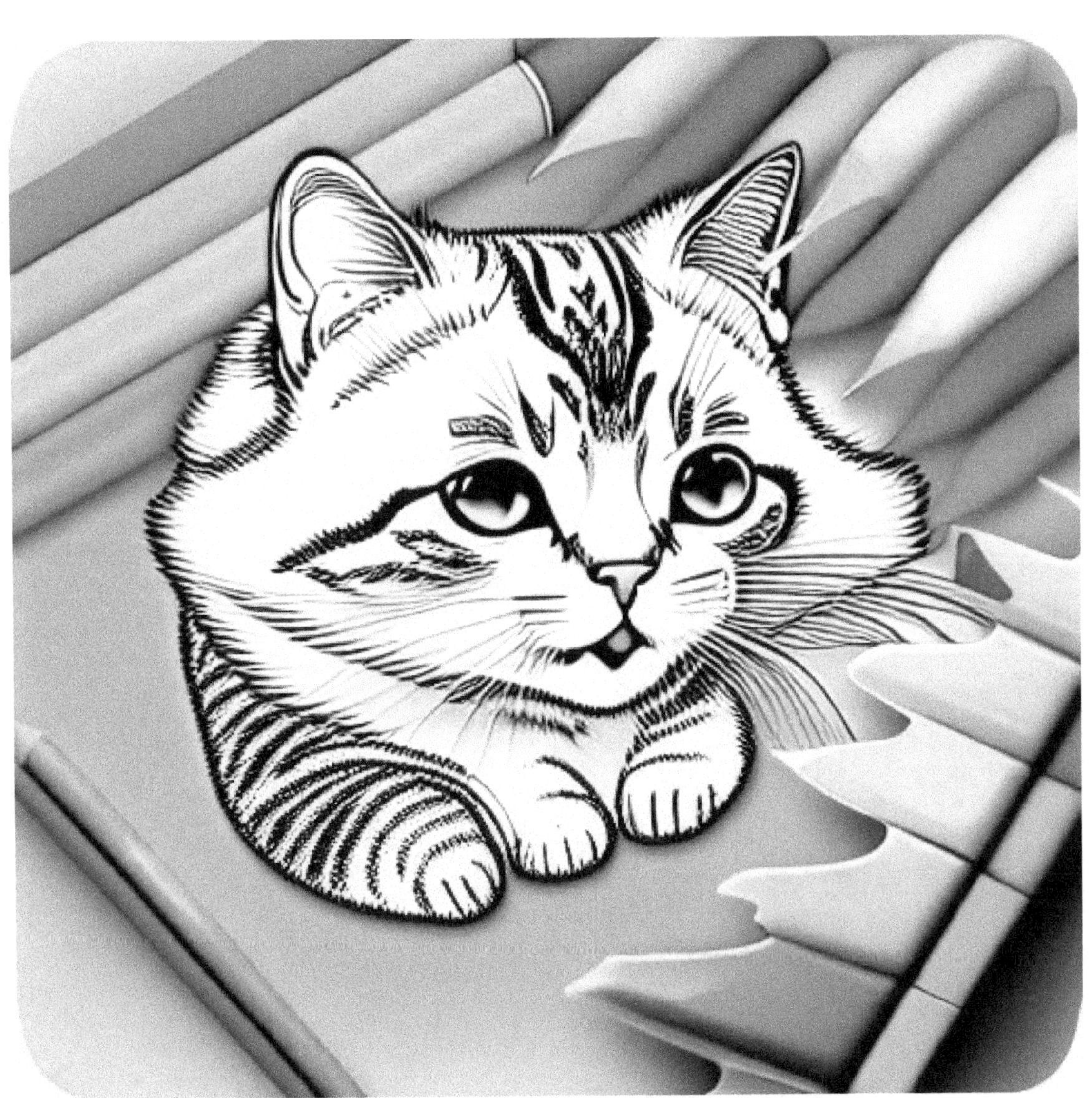

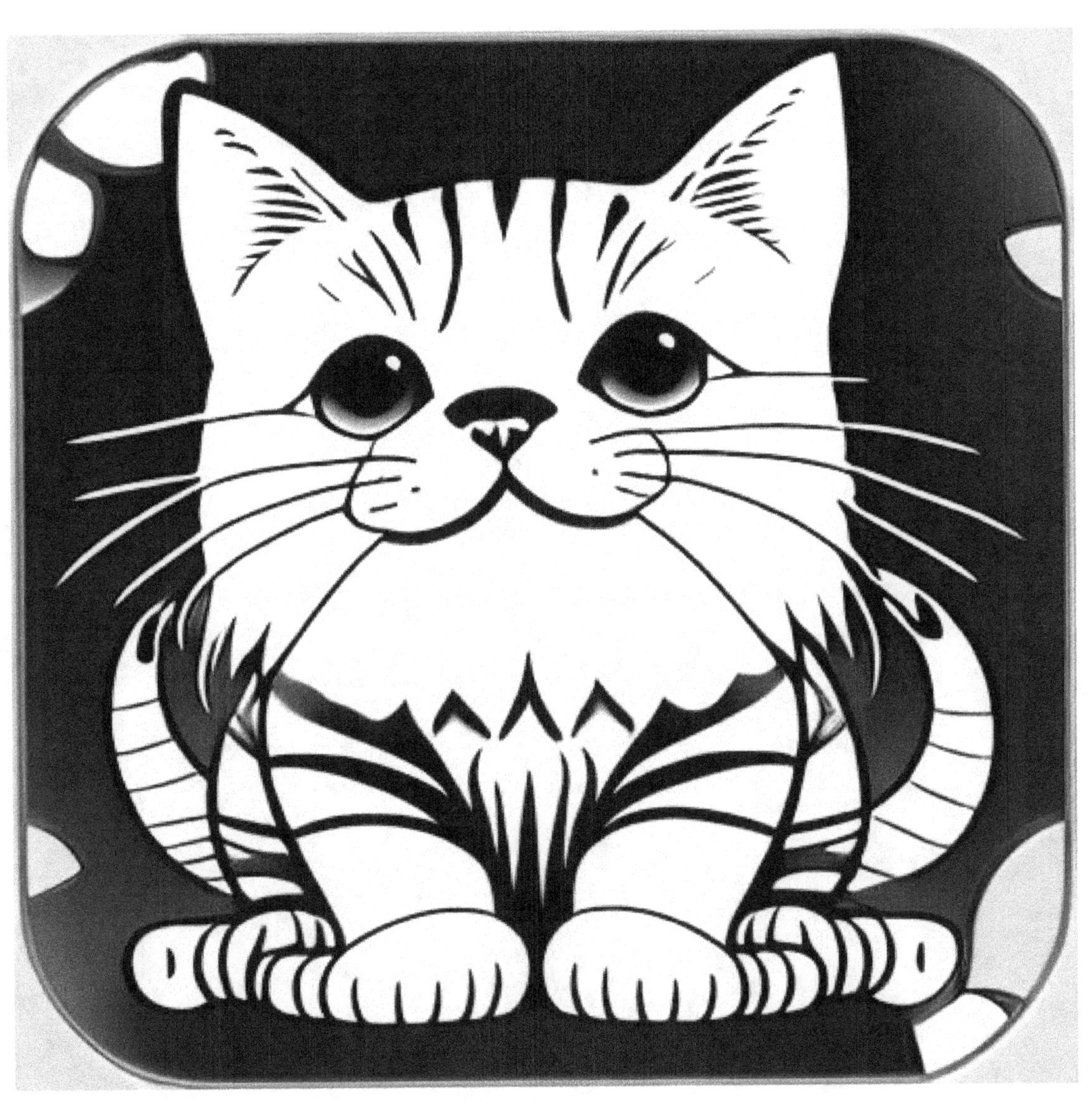

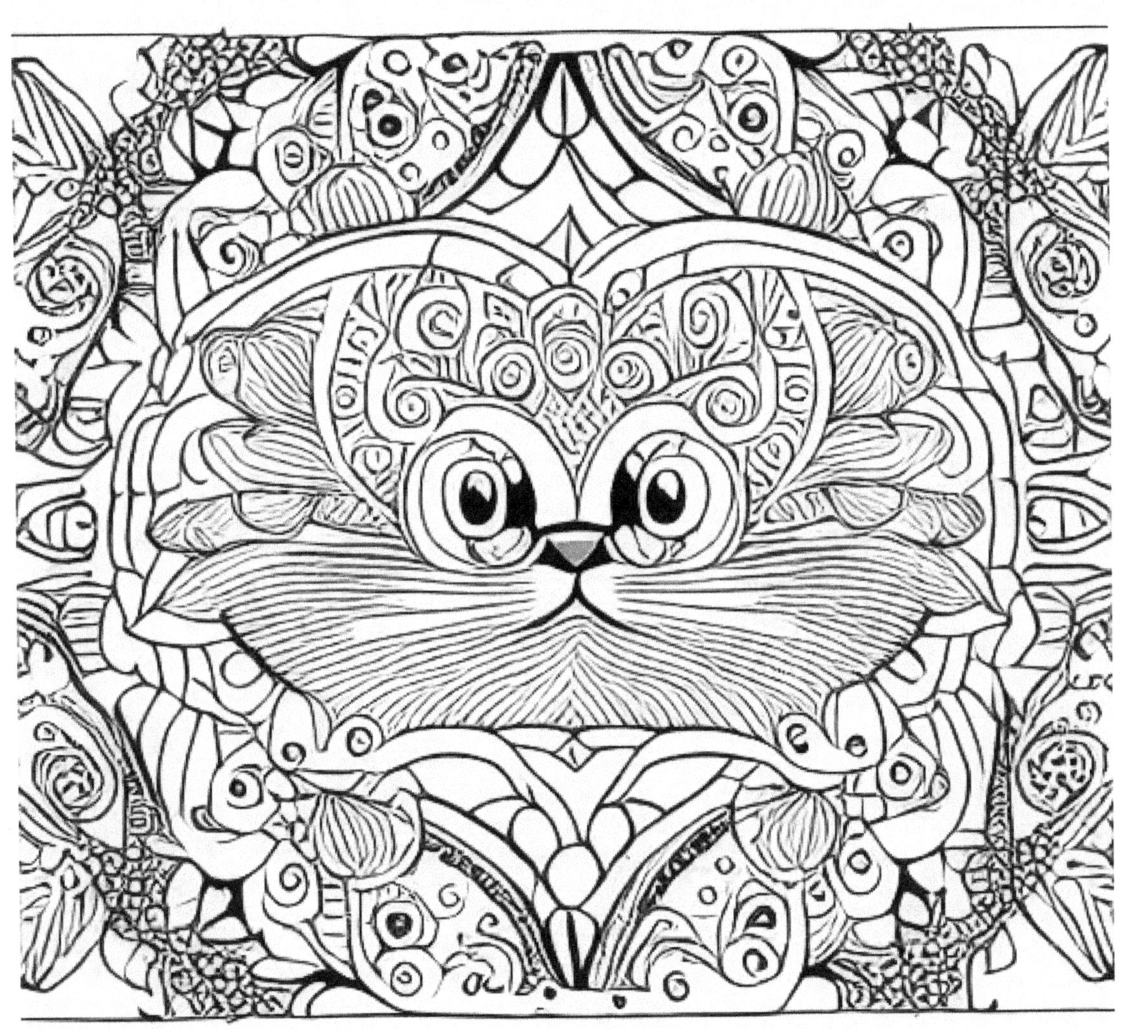

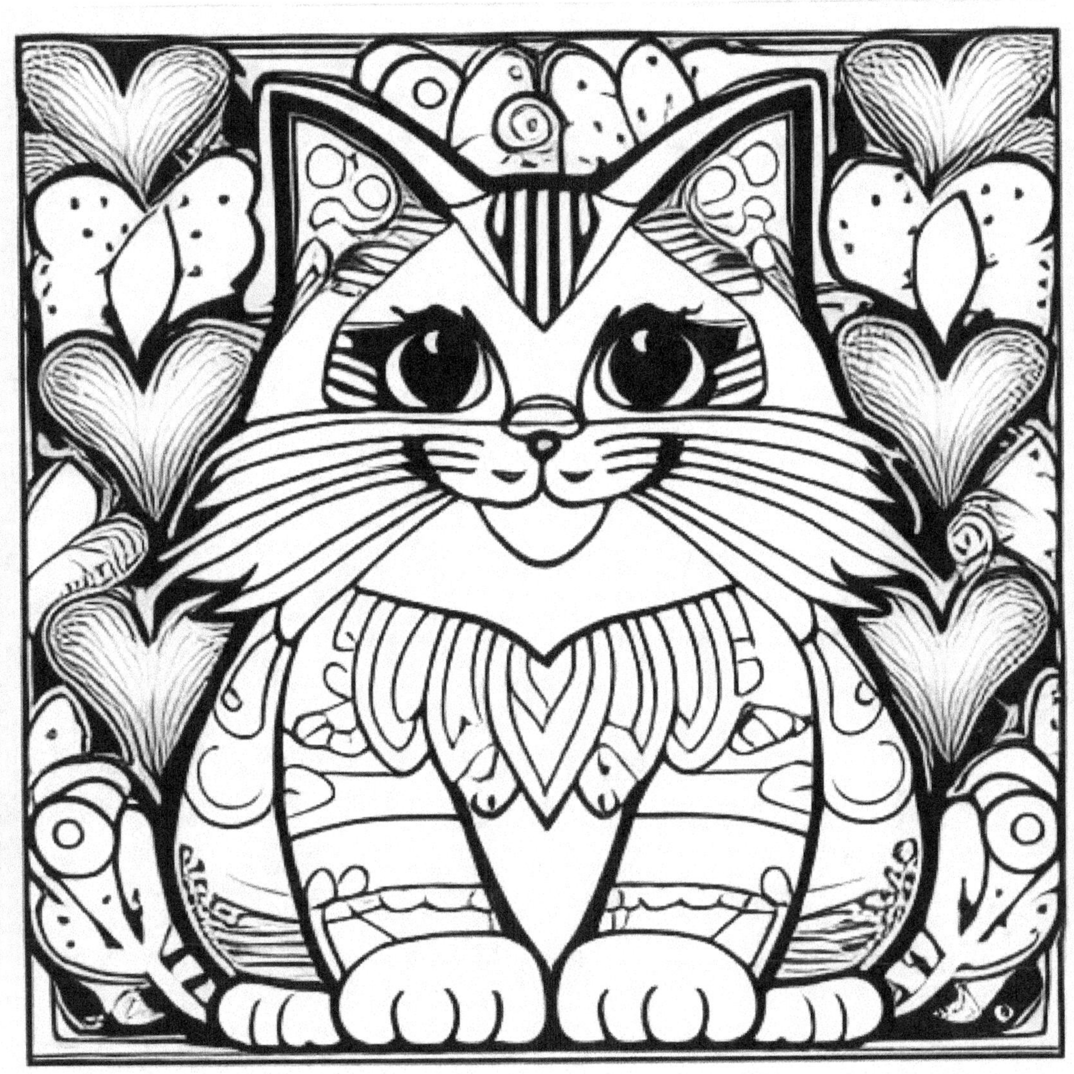

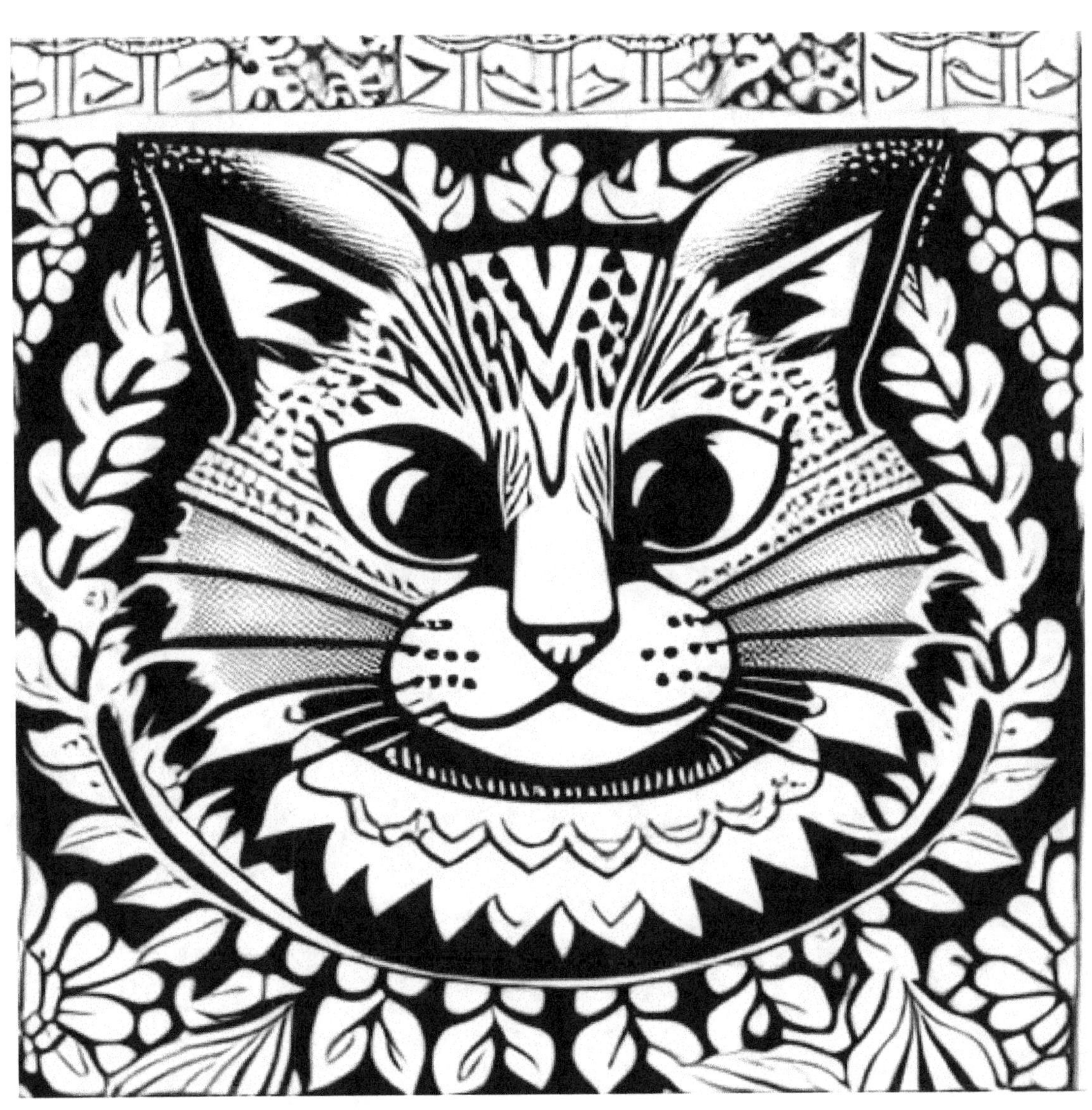

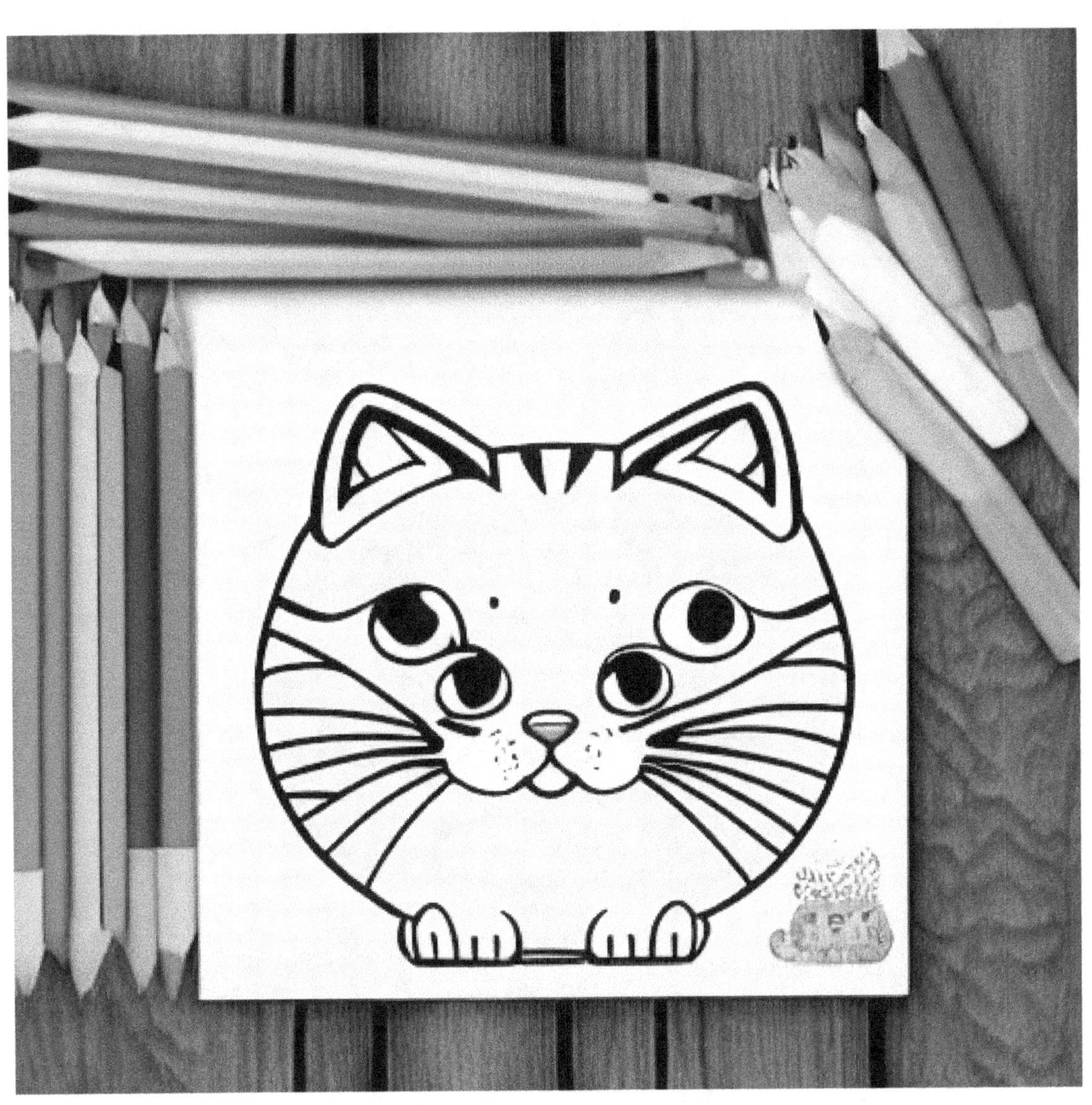

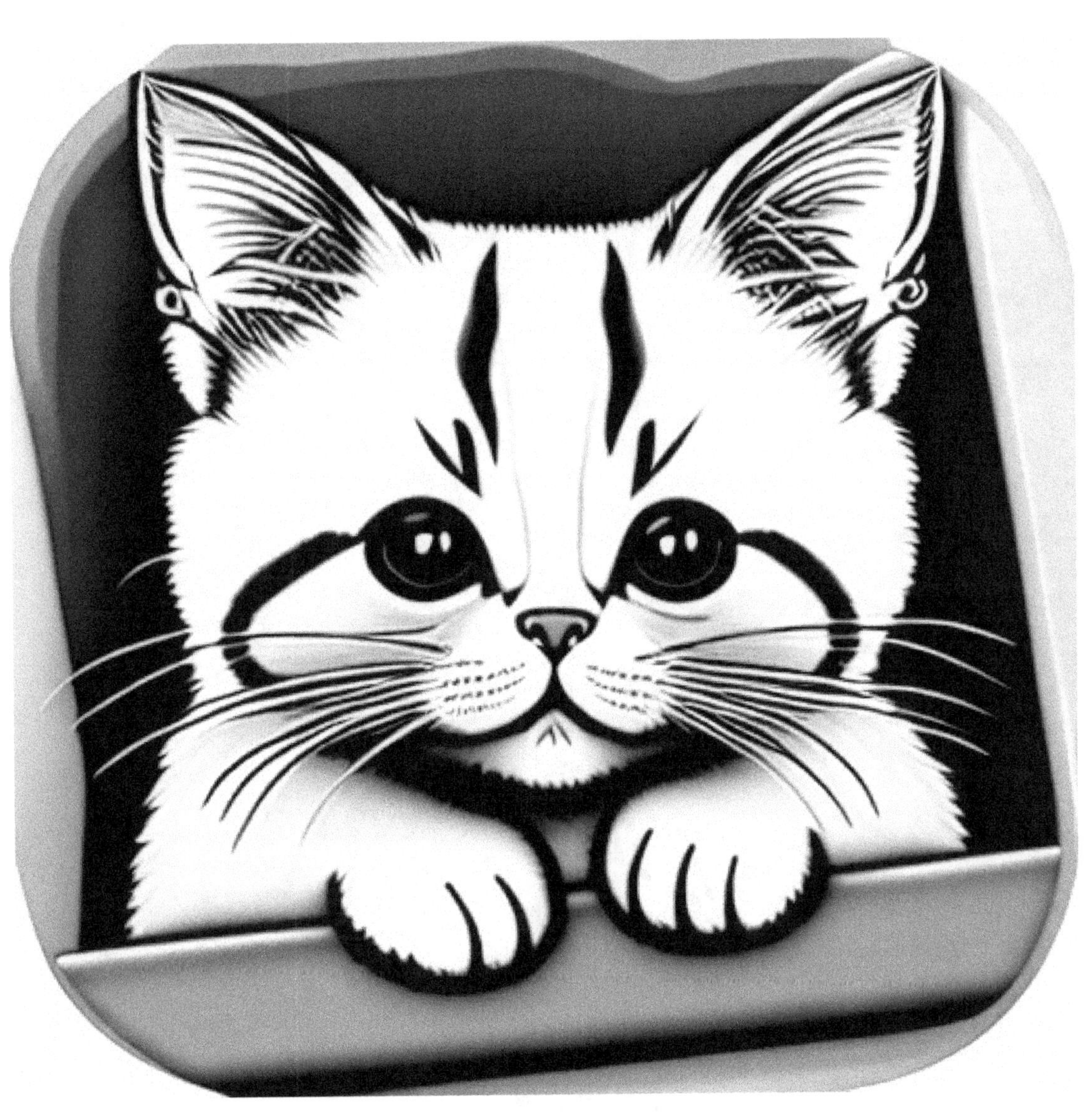

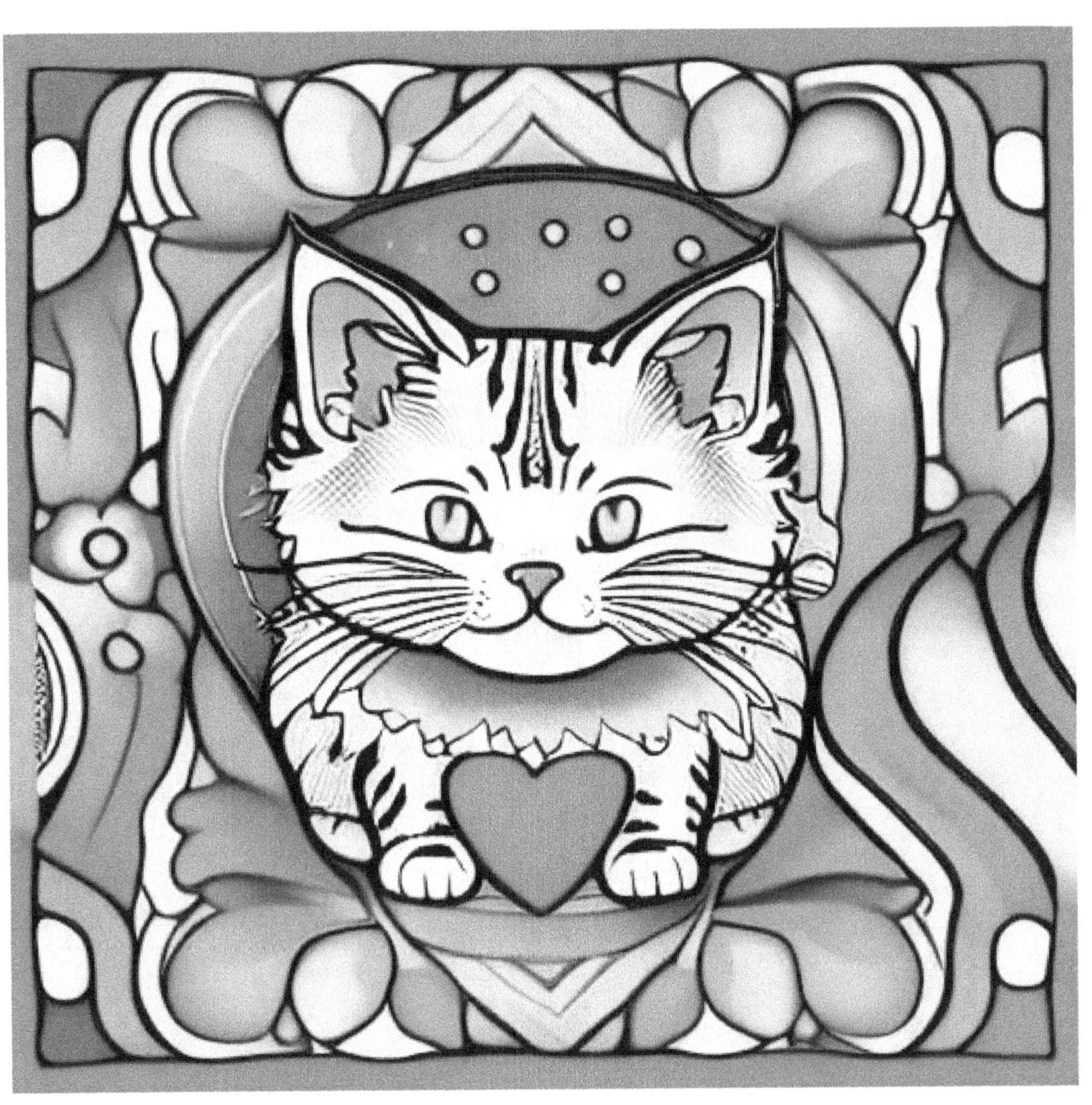

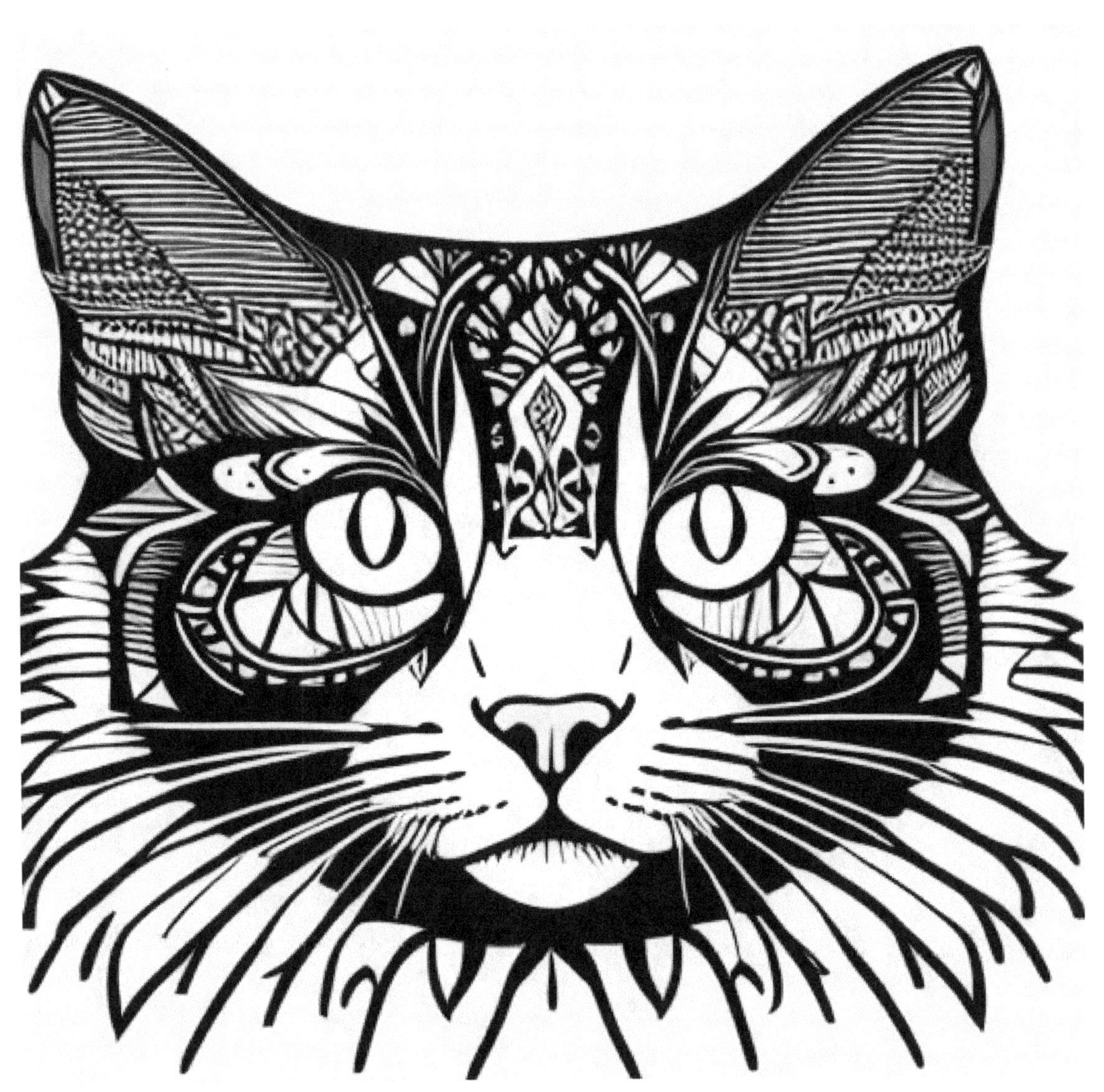

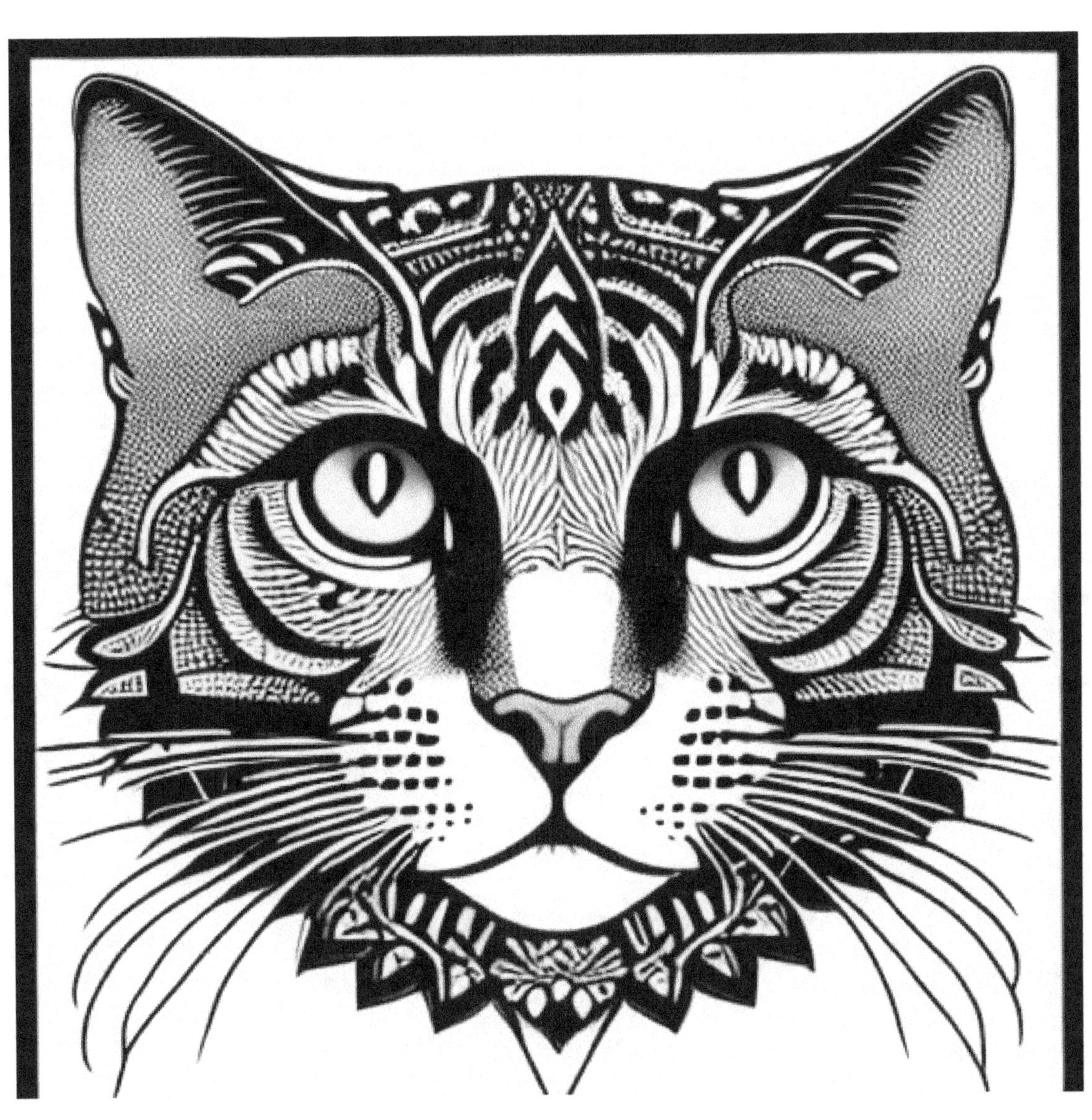

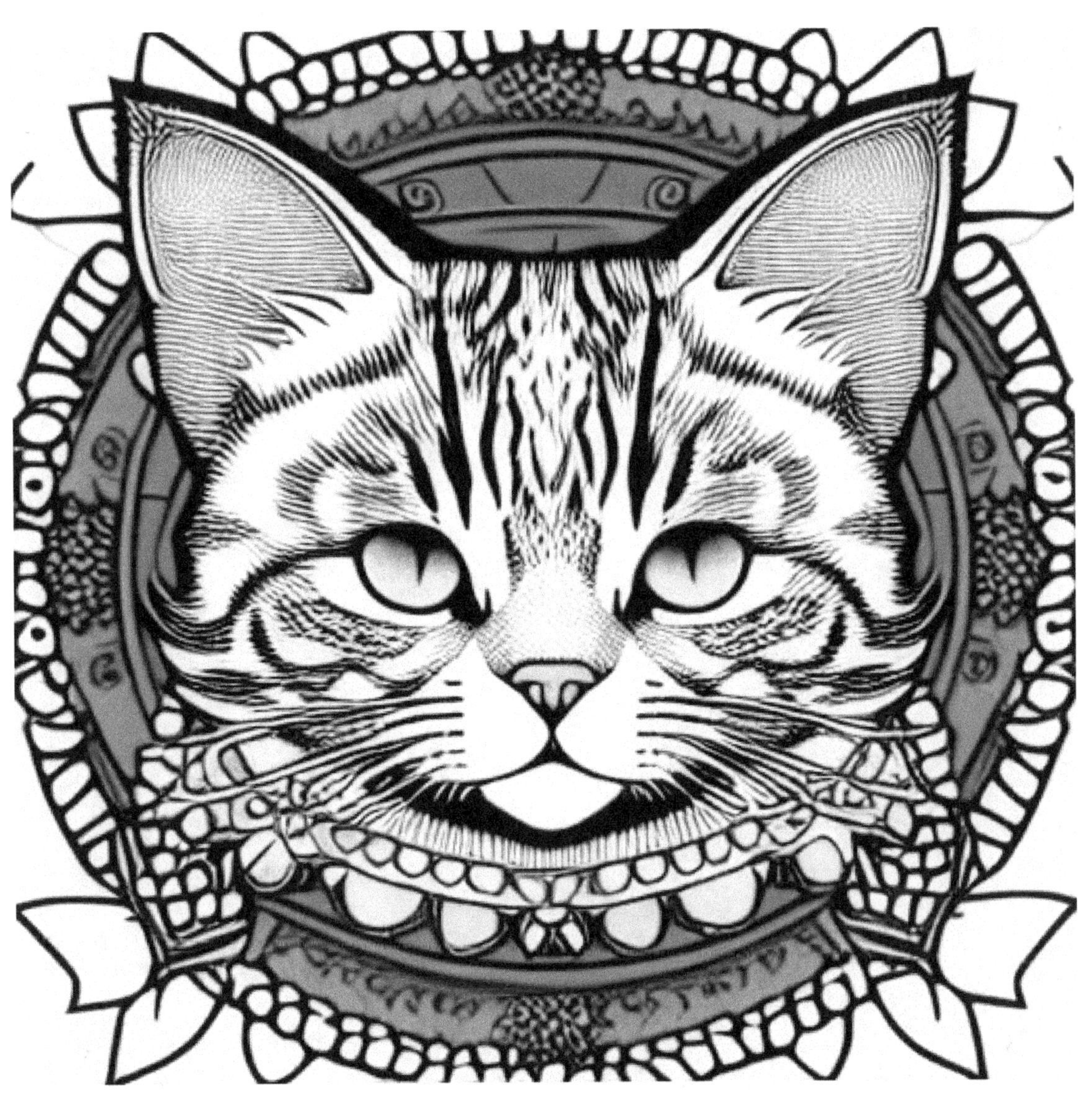

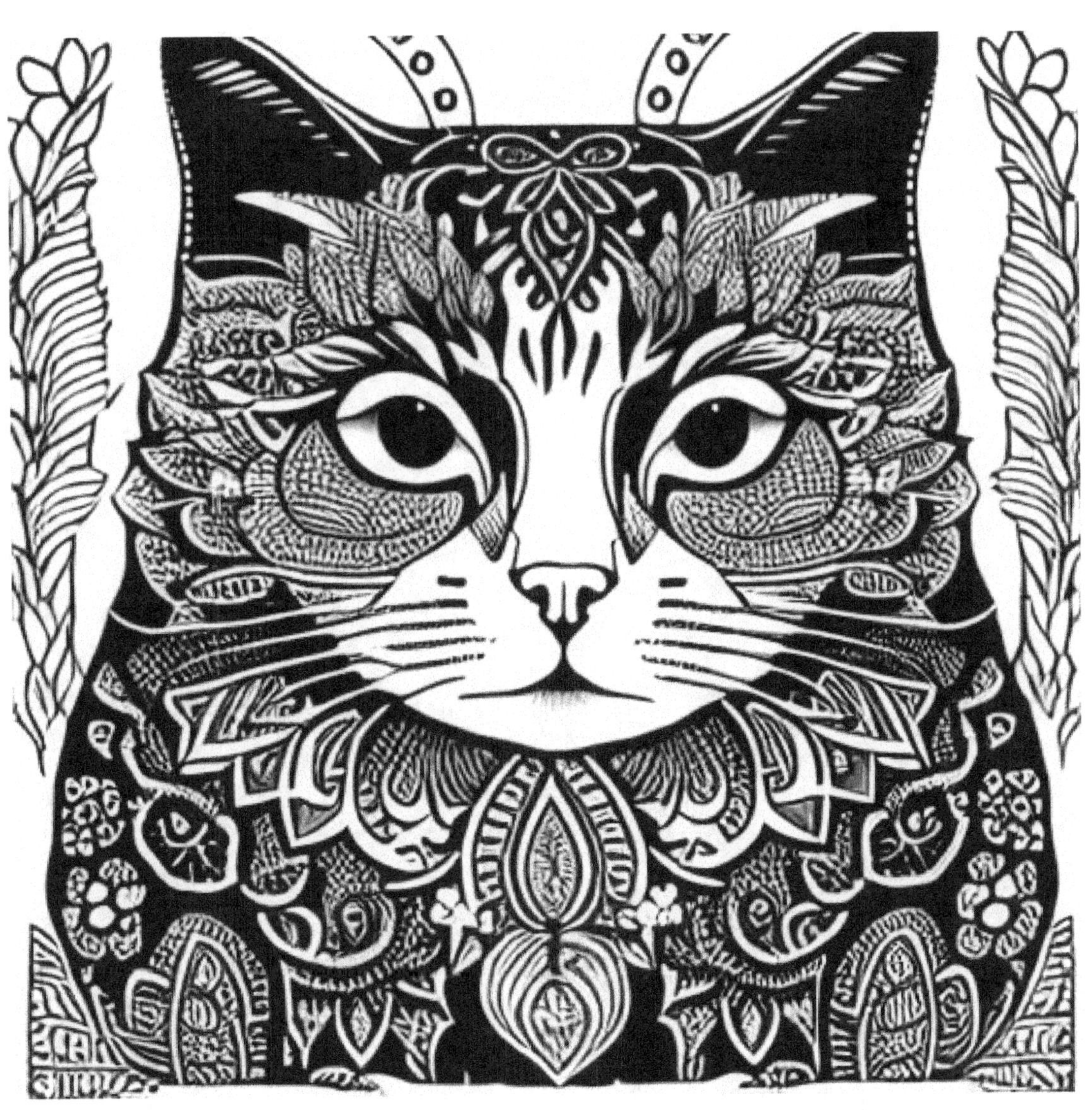

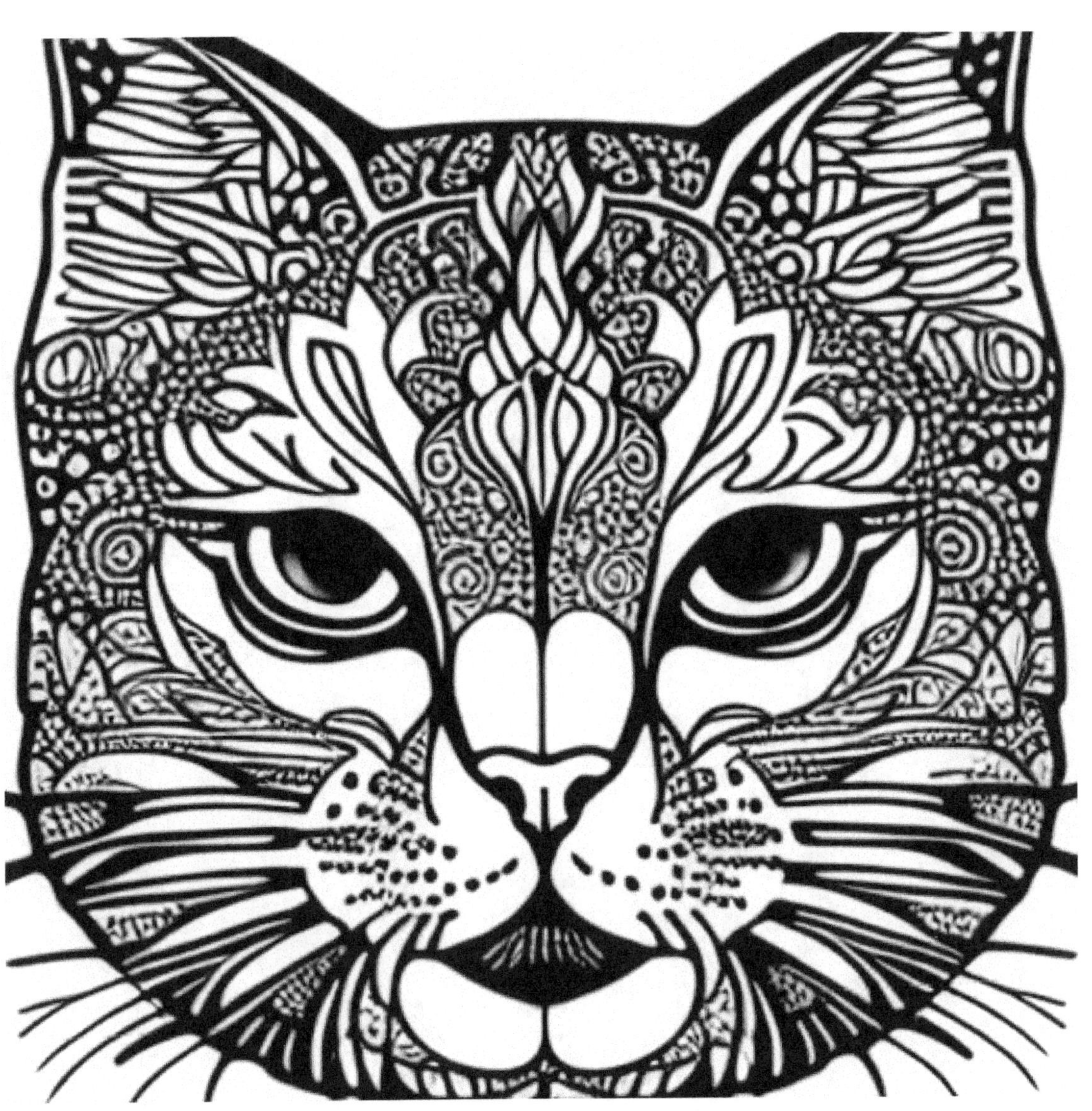